云南大学"一带一路"沿线国家综合数据库建设项目
中国周边外交研究省部共建协同创新中心　　联合推出

"一带一路"沿线国家综合数据库建设丛书 | 林文勋 主编

企聚丝路
海外中国企业高质量发展调查
菲律宾

刘鹏 等 著

Overseas Chinese Enterprise and
Employee Survey in B&R Countries
THE PHILIPPINES

中国社会科学出版社

图书在版编目（CIP）数据

企聚丝路：海外中国企业高质量发展调查．菲律宾／刘鹏等著．—北京：中国社会科学出版社，2020.10

（"一带一路"沿线国家综合数据库建设丛书）

ISBN 978 - 7 - 5203 - 5925 - 2

Ⅰ.①企…　Ⅱ.①刘…　Ⅲ.①海外企业—企业发展—研究—中国　Ⅳ.①F279.247

中国版本图书馆 CIP 数据核字（2020）第 022330 号

出　版　人	赵剑英
责任编辑	马　明
责任校对	任晓晓
责任印制	王　超

出　　　版	中国社会科学出版社
社　　　址	北京鼓楼西大街甲 158 号
邮　　　编	100720
网　　　址	http://www.csspw.cn
发　行　部	010 - 84083685
门　市　部	010 - 84029450
经　　　销	新华书店及其他书店

印　　　刷	北京明恒达印务有限公司
装　　　订	廊坊市广阳区广增装订厂
版　　　次	2020 年 10 月第 1 版
印　　　次	2020 年 10 月第 1 次印刷

开　　　本	710 × 1000　1/16
印　　　张	15.5
字　　　数	224 千字
定　　　价	78.00 元

《"一带一路"沿线国家综合数据库建设丛书》
编委会

总　序

党的十八大以来，以习近平同志为核心的党中央准确把握时代发展大势和国内国际两个大局，以高瞻远瞩的视野和总揽全局的魄力，提出一系列富有中国特色、体现时代精神、引领人类社会进步的新理念新思想新战略。在全球化时代，从"人类命运共同体"的提出到"构建人类命运共同体"的理念写入联合国决议，中华民族为世界和平与发展贡献了中国智慧、中国方案和中国力量。2013 年秋，习近平主席在访问哈萨克斯坦和印度尼西亚时先后提出共建"丝绸之路经济带"和"21 世纪海上丝绸之路"的重大倡议。这是实现中华民族伟大复兴的重大举措，更是中国与"一带一路"沿线国家乃至世界打造政治互信、经济融合、文化包容的利益共同体、命运共同体和责任共同体的探索和实践。

大国之路，始于周边，周边国家是中国特色大国外交启航之地。党的十九大报告强调，中国要按照亲诚惠容理念和与邻为善、以邻为伴周边外交方针深化同周边国家关系，秉持正确义利观和真实亲诚理念加强同发展中国家团结合作。① 当前，"一带一路"倡议已从谋篇布局的"大写意"转入精耕细作的"工笔画"阶段，人类命运共同体建设开始结硕果。

---

① 习近平：《决胜全面建成小康社会　夺取新时代中国特色社会主义伟大胜利——在中国共产党第十九次全国代表大会上的报告》（2017 年 10 月 18 日），人民出版社 2017 年版，第 60 页。

在推进"一带一路"建设中，云南具有肩挑"两洋"（太平洋和印度洋）、面向"三亚"（东南亚、南亚和西亚）的独特区位优势，是"一带一路"建设的重要节点。云南大学紧紧围绕"一带一路"倡议和习近平总书记对云南发展的"三个定位"，努力把学校建设成为立足于祖国西南边疆，面向南亚、东南亚的综合性、国际性、研究型一流大学。2017年9月，学校入选全国42所世界一流大学建设高校行列，校党委书记林文勋教授（时任校长）提出以"'一带一路'沿线国家综合数据库建设"作为学校哲学社会科学的重大项目之一。2018年3月，学校正式启动"'一带一路'沿线国家综合数据库建设"项目。

一是主动服务和融入国家发展战略。该项目旨在通过开展"一带一路"沿线国家中资企业与东道国员工综合调查，建成具有唯一性、创新性和实用性的"'一带一路'沿线国家综合调查数据库"和数据发布平台，形成一系列学术和决策咨询研究成果，更好地满足国家重大战略和周边外交等现实需求，全面服务于"一带一路"倡议和习近平总书记对云南发展的"三个定位"。

二是促进学校的一流大学建设。该项目的实施，有助于提升学校民族学、政治学、历史学、经济学、社会学等学科的建设和发展；调动学校非通用语（尤其是南亚、东南亚语种）的师生参与调查研究，提高非通用语人才队伍的科研能力和水平；撰写基于数据分析的决策咨询报告，推动学校新型智库建设；积极开展与对象国合作高校师生、中资企业当地员工的交流，促进学校国际合作与人文交流。

项目启动以来，学校在组织机构、项目经费、政策措施和人力资源等方面给予了全力保障。经过两年多的努力，汇聚众多师生辛勤汗水的第一波"海外中国企业与员工调查"顺利完成。该调查有如下特点：

一是群策群力，高度重视项目研究。学校成立以林文勋书记任组长，杨泽宇、张力、丁中涛、赵琦华、李晨阳副校长任副组长，各职能部门领导作为成员的项目领导小组。领导小组办公室设在社科处，由社科处处长任办公室主任，孔建勋任专职副主任，陈瑛、许庆红任技术骨干，聘请西南财经大学甘犁教授、北京大学邱泽奇教授、北京大学赵耀辉教授、北京大学翟崑教授为特聘专家，对项目筹备、调研与成果产出等各个环节做好协调和指导。

二是内外联合，汇聚各方力量推进。在国别研究综合调查数据库建设上，我校专家拥有丰富的实践经验，曾依托国别研究综合调查获得多项与"一带一路"相关的国家社科基金重大招标项目和教育部重大攻关项目，为本项目调查研究奠定了基础。国际关系研究院·南亚东南亚研究院、经济学院、民族学与社会学学院、外国语学院、政府管理学院等学院、研究院在问卷调查、非通用语人才、国内外资料搜集等方面给予大力支持。同时，北京大学、中国社会科学院、西南财经大学、广西民族大学等相关单位的专家，中国驻各国使领馆经商处、中资企业协会、企业代表处以及诸多海外中央企业、地方国有企业和民营企业都提供了无私的支持与帮助。

三是勇于探索，创新海外调研模式。调查前期，一些国内著名调查专家在接受咨询时指出，海外大型调查数据库建设在国内并不多见，而赴境外多国开展规模空前的综合调查更是一项艰巨的任务。一方面，在初期的筹备阶段，项目办面临着跨国调研质量控制、跨国数据网络回传、多语言问卷设计、多国货币度量统一以及多国教育体系和民族、宗教差异性等技术难题和现实问题；另一方面，在出国调查前后，众师生不仅面临对外联络、签证申请、实地调研等难题，还在调查期间遭遇地震、疟疾、恐怖袭击等突发事件的威胁。但是，项目组克服各种困难，创新跨国调研的管理和实践模式，参与调查的数百名师生经过两年多的踏实工作，顺利完成了这项兼具开源性、创新性和唯一性的调查任务。

四是注重质量，保障调查研究价值。项目办对各国调研组进行了多轮培训，强调调查人员对在线调查操作系统、调查问卷内容以及调查访问技巧的熟练掌握；针对回传的数据，配备熟悉东道国语言或英语的后台质控人员，形成"调查前、调查中和调查后"三位一体的质量控制体系，确保海外调查数据真实可靠。数据搜集完成之后，各国调研组立即开展数据分析与研究，形成《企聚丝路：海外中国企业高质量发展调查》报告，真实展现海外中国企业经营与发展、融资与竞争、企业形象与企业社会责任履行状况等情况，以及东道国员工工作环境、就业与收入、对中国企业与中国国家形象的认知等丰富内容。整个调查凝聚了 700 多名国内外师生（其中 300 多名为云南大学师生）的智慧与汗水。

《企聚丝路：海外中国企业高质量发展调查》是"'一带一路'沿线国家综合数据库建设"的标志性成果之一。本项目首批由 20 个国别调研组组成，分为 4 个片区由专人负责协调，其中孔建勋负责东南亚片区，毕世鸿负责南亚片区，张永宏负责非洲片区，吴磊负责中东片区。20 个国别调研组负责人分别为邹春萌（泰国）、毕世鸿（越南）、方芸（老挝）、孔建勋和何林（缅甸）、陈瑛（柬埔寨）、李涛（新加坡）、刘鹏（菲律宾）、杨晓强（印度尼西亚）、许庆红（马来西亚）、柳树（印度）、叶海林（巴基斯坦）、冯立冰（尼泊尔）、胡潇文（斯里兰卡）、邹应猛（孟加拉国）、刘学军（土耳其）、朱雄关（沙特阿拉伯）、李湘云（坦桑尼亚）、林泉喜（吉布提）、赵冬（南非）和张佳梅（肯尼亚）。国别调研组负责人同时也是各国别调查报告的封面署名作者。

今后，我们将继续推动"'一带一路'沿线国家综合数据库建设"不断向深度、广度和高度拓展，竭力将其打造成为国内外综合社会调查的知名品牌。项目实施以来，尽管项目办和各国调研组竭尽全力来完成调查和撰稿任务，但由于主、客观条件限制，疏漏、错误和遗憾之处在所难免，恳请专家和读者批评指正！

《"一带一路"沿线国家综合数据库
建设丛书》编委会
2020 年 3 月

目　　录

第 一 章

菲律宾政治经济形势分析

本章在对菲律宾形势概述的基础上，从政治形势、经济形势、对外关系和中菲关系四个方面对当前菲律宾的情况进行初步的分析，并通过将菲律宾与东盟其他国家进行对比的方式，力求初步勾勒出近年来菲律宾的发展状况，为对菲律宾中资企业和菲律宾营商环境的分析奠定基础。

第一节　2013 年以来菲律宾形势概述

一　当前菲律宾的人口概况

菲律宾国土面积约为 30 万平方公里，在东盟十国中排名第六①，截至 2018 年人口约 1.07 亿，是东盟国家中的第二人口大国，仅次于印尼，也是世界第十三大人口大国。菲律宾人口密度为 355 人/平方公里，居东盟第二位，仅次于新加坡，如表 1 - 1 所示。

在东盟国家中，菲律宾不仅人口总量较大，而且一直保持较快的增长速度。菲律宾的人口出生率在东盟国家中一直维持在第一或第二，2016 年的人口年增速为 1.56%，在东盟国家中与柬埔寨并列排名第一（见表 1 - 2）。近年来，尽管菲律宾的人口增速有所下降，但

① 东盟秘书处：https://data.aseanstats.org/。

仍维持了较快的增速，可以预期其人口红利和市场潜力将持续较长的时间。

表1-1　　　　　　　　　　菲律宾基本情况

国别	国土面积	人口	人口密度
	平方公里	千人	人/平方公里
文莱	5765	442.4	77
柬埔寨	181035	15981.8	88
印度尼西亚	1916862	265015.3	138
老挝	236800	6887.1	29
马来西亚	331388	32385.0	98
缅甸	676576	53625.0	79
菲律宾	300000	106598.6	355
新加坡	720	5638.7	7833
泰国	513140	67831.6	132
越南	331230	94666.0	286
东盟	4493516	649071.5	144

资料来源：东盟秘书处（https：//data. aseanstats. org/）。

表1-2　　　　　　　　　东盟国家人口年增速　　　　　　（单位：%）

年份 / 国别	1980	1990	2000	2005	2010	2014	2015	2016
文莱	3.30	2.85	2.11	1.56	1.27	1.47	1.41	1.35
柬埔寨	-1.14	3.22	2.24	1.57	1.54	1.64	1.60	1.56
印度尼西亚	2.36	1.78	1.39	1.38	1.32	1.22	1.18	1.14
老挝	1.57	2.86	1.67	1.57	1.52	1.25	1.32	1.41
马来西亚	2.48	2.82	2.31	1.91	1.82	1.74	1.62	1.50
缅甸	2.29	1.52	1.21	0.85	0.71	0.92	0.92	0.91
菲律宾	2.74	2.54	2.15	1.87	1.62	1.63	1.60	1.56
新加坡	1.27	3.89	1.73	2.35	1.77	1.30	1.19	1.30
泰国	2.07	1.40	1.04	0.65	0.49	0.40	0.35	0.30
越南	2.12	1.90	1.34	1.17	1.05	1.07	1.08	1.07
世界	1.75	1.74	1.33	1.25	1.22	1.20	1.19	1.18

资料来源：世界银行数据库（http：//data. worldbank. org/）。

与此同时，从衡量其人口红利的重要指标15—64岁占总人口的比重来看（见表1-3），菲律宾这一指标的数值仍在不断增长，从1980年的53.68%增长到2016年的63.61%。尽管这一指标的绝对数并不是东盟国家中最高的，但这一数值的持续增长表明菲律宾劳动力数量的不断增长，潜在的就业人数不断扩大，这是菲律宾人口红利的重要表现。

表1-3　　　　　　　东盟国家15—64岁人口占总人口的比重　　　　　（单位:%）

年份 国别	1980	1990	2000	2005	2010	2014	2015	2016
文莱	58.55	62.84	67.06	69.32	71.21	72.30	72.47	72.42
柬埔寨	56.21	52.82	55.32	59.55	62.94	64.18	64.28	64.35
印度尼西亚	55.33	59.78	64.60	65.29	66.18	66.91	67.13	67.19
老挝	52.12	52.26	53.12	55.83	59.34	61.12	61.42	61.70
马来西亚	57.43	59.29	61.97	64.64	67.65	68.96	69.09	
缅甸	55.04	58.16	63.32	64.40	65.18	66.70	67.09	67.46
菲律宾	53.68	55.92	58.27	59.48	62.24	63.28	63.47	63.61
新加坡	68.23	72.94	71.20	72.63	73.65	73.07	72.78	72.43
泰国	56.82	65.27	69.46	70.13	71.91	71.95	71.82	71.68
越南	53.81	56.90	61.92	66.26	69.78	70.27	70.17	70.01
世界	58.74	60.99	62.97	64.64	65.63	65.66	65.60	65.49

资料来源：世界银行数据库（http：//data.worldbank.org/）。

从东盟国家的城市化率来看（见表1-4），从1960年到2016年，菲律宾的城市化率尽管也有提高，但排名却大幅下降。1960年，菲律宾的城市化率为30.30%，在东盟十国中居第三位，仅次于新加坡和文莱，与世界平均水平33.56%接近。2016年，菲律宾的城市化率为44.29%，在东盟十国中居第六位，被马来西亚、泰国、印度尼西亚等国反超，与世界平均水平54.30%的差距也进一步拉大。

表 1-4　　　　　　　　　东盟国家的城市化率　　　　　　　（单位:%）

年份\国别	1960	1970	1980	1990	2000	2005	2010	2014	2015	2016
文莱	43.40	61.68	59.89	65.83	71.16	73.50	75.51	76.89	77.20	77.51
柬埔寨	10.29	15.97	9.90	15.55	18.59	19.17	19.81	20.51	20.72	20.95
印度尼西亚	14.59	17.07	22.10	30.58	42.00	45.94	49.92	53.00	53.74	54.47
老挝	7.95	9.63	12.38	15.44	21.98	27.39	33.12	37.55	38.61	39.65
马来西亚	26.60	33.45	42.04	49.79	61.98	66.59	70.91	74.01	74.71	75.37
缅甸	19.23	22.83	23.97	24.57	26.97	28.93	31.41	33.55	34.10	34.65
菲律宾	30.30	32.98	37.48	48.59	47.96	46.60	45.26	44.49	44.37	44.29
新加坡	100.00	100.00	100.00	100.00	100.00	100.00	100.00	100.00	100.00	100.00
泰国	19.67	20.89	26.79	29.42	31.39	37.52	44.08	49.17	50.37	51.54
越南	14.70	18.30	19.25	20.26	24.37	27.28	30.39	32.95	33.59	34.24
世界	33.56	36.53	39.28	42.92	46.53	48.96	51.46	53.38	53.84	54.30

资料来源：世界银行数据库（http://data.worldbank.org/）。

二　当前菲律宾的经济概况

截至 2018 年底，菲律宾的国内生产总值为 3309.1 亿美元，在东盟国家中居第四位（见表 1-5）。从 1980 年到 2018 年，菲律宾国内生产总值的年均增速为 6.30%；从 2010 年到 2018 年，菲律宾国内生产总值的年均增速提高到 6.52%[①]，2010 年以来，其增速居东盟国家第四位，仅次于老挝、柬埔寨和越南三国。人均国内生产总值为 3103 美元，在东盟国家中居第六位；1980—2018 年间，菲律宾人均 GDP 的年均增速为 4.05%；2010—2018 年间，菲律宾人均 GDP 的年均增速提高到 4.85%，在东盟国家中居第四位，仅次于老挝、柬埔寨和越南三国。与 1980 年相比，菲律宾在东盟国家中，无论是国内生产总值还是人均国内生产总值，其排名均有下降，特别是人均国内生产总值，先后被泰国和印度尼西亚反超（见表 1-6）。由此可见，与其他东南亚国家相比，菲律宾近些年的发展速度并不快。

---

① 根据表 1-6 中世界银行的数据计算可得。

表1-5　　　　　　　　　东盟各国GDP（现价美元）　　　　（单位：十亿美元）

年份 国别	1980	1990	2000	2010	2011	2012	2013	2014	2015	2016	2017	2018
文莱	4.93	3.52	6.00	13.71	18.53	19.05	18.09	17.10	12.93	11.40	12.13	13.57
柬埔寨	0.00	0.00	3.68	11.24	12.83	14.05	15.23	16.70	18.05	20.02	22.18	24.57
印度尼西亚	72.48	106.14	165.02	755.09	892.97	917.87	912.52	890.81	860.85	931.88	1015.42	1042.17
老挝	0.00	0.87	1.73	7.13	8.75	10.19	11.94	13.27	14.39	15.81	16.85	18.13
马来西亚	24.49	44.02	93.79	255.02	297.95	314.44	323.28	338.06	296.64	296.75	314.71	354.35
缅甸	0.00	0.00	8.91	49.54	59.98	59.94	60.27	65.45	59.69	63.26	66.72	71.21
菲律宾	32.45	44.31	81.03	199.59	224.14	250.09	271.84	284.58	292.77	304.90	313.62	330.91
新加坡	11.90	36.14	96.07	239.81	279.35	295.09	307.58	314.85	308.00	318.07	338.41	364.16
泰国	32.35	85.34	126.39	341.11	370.82	397.56	420.33	407.34	401.30	412.35	455.28	504.99
越南	0.00	6.47	31.17	115.93	135.54	155.82	171.22	186.20	193.24	205.28	223.78	244.95

资料来源：世界银行数据库（http://data.worldbank.org/）。

表1-6　　　　　　　　东盟各国人均GDP（现价美元）　　　　（单位：美元）

年份 国别	1980	1990	2000	2010	2011	2012	2013	2014	2015	2016	2017	2018
文莱	25422	13608	18013	35270	47056	47742	44740	41727	31165	27157	28572	31628
柬埔寨			303	786	882	951	1013	1093	1163	1270	1385	1512
印度尼西亚	492	585	780	3122	3643	3694	3624	3492	3332	3563	3837	3894
老挝		203	325	1141	1378	1581	1826	1998	2135	2309	2424	2568
马来西亚	1775	2442	4044	9041	10399	10817	10970	11319	9799	9671	10118	11239
缅甸			191	979	1176	1166	1162	1252	1133	1192	1250	1326
菲律宾	685	716	1039	2124	2345	2573	2749	2831	2867	2941	2982	3103
新加坡	4928	11862	23852	47237	53890	55546	56967	57563	55647	56724	60298	64582
泰国	683	1509	2008	5076	5492	5861	6168	5952	5840	5979	6578	7274
越南		95	390	1318	1525	1735	1887	2030	2085	2192	2366	2564
世界	2530	4280	5492	9539	10474	10589	10764	10929	10218	10248	10769	11297

资料来源：世界银行数据库（http://data.worldbank.org/）。

从菲律宾居民消费价格指数来看，菲律宾的通货膨胀受外部影响较大，基本与东盟各国和世界平均水平相当，整体而言，通货膨胀并不严重（见表1-7）。2000年以来，物价每年略有上涨，涨幅不大，这表明菲律宾宏观经济政策较为稳健。

表 1 - 7　　　　　　　　　**居民消费价格指数**　　　　　　（单位：%）

年份 国别	1980	1990	2000	2010	2011	2012	2013	2014	2015	2016	2017	2018
文莱		2.14	1.56	0.36	0.14	0.11	0.39	-0.21	-0.42	-0.74	-0.17	0.15
柬埔寨			-0.79	4.00	5.48	2.93	2.94	3.86	1.22	3.05	2.89	
印度尼西亚	18.04	7.82	3.69	5.13	5.36	4.28	6.41	6.39	6.36	3.53	3.81	3.20
老挝		35.64	25.08	5.98	7.57	4.26	6.37	4.13	1.28	1.60	0.83	2.04
马来西亚	6.67	2.62	1.53	1.62	3.17	1.66	2.11	3.14	2.10	2.09	3.87	0.88
缅甸	0.61	17.63	-0.11	7.72	5.02	1.47	5.48	5.05	9.49	6.96	4.57	6.87
菲律宾	18.20	12.18	3.98	3.79	4.72	3.03	2.58	3.60	0.67	1.25	2.85	5.21
新加坡	8.53	3.46	1.36	2.82	5.25	4.58	2.36	1.02	-0.52	-0.53	0.58	0.44
泰国	19.70	5.86	1.59	3.25	3.81	3.01	2.18	1.90	-0.90	0.19	0.67	1.06
越南			-1.71	8.86	18.68	9.09	6.59	4.71	0.88	3.24	3.52	3.54
世界		8.13	3.43	3.29	4.81	3.73	2.61	2.24	1.40	1.43	2.18	2.51

资料来源：世界银行数据库（http：//data.worldbank.org/）。

在东盟国家中，菲律宾的外汇储备较为充足。2018 年末，其外汇储备额为 792 亿美元，在东盟十国中居第四位，与其外贸情况较为匹配（见表 1 - 8）。从动态发展来看，1980 年至今，菲律宾的外汇储备总体呈上升趋势，部分年份略有下降。

表 1 - 8　　　　　**菲律宾外汇储备（含黄金，现价美元）**　（单位：十亿美元）

年份 国别	1980	1990	2000	2010	2011	2012	2013	2014	2015	2016	2017	2018
文莱	0.00	0.00	0.41	1.56	2.58	3.45	3.58	3.65	3.37	3.49	3.49	3.41
柬埔寨	0.00	0.00	0.61	3.82	4.06	4.93	5.00	6.11	7.31	8.85	11.78	13.89
印度尼西亚	6.80	8.66	29.35	96.21	110.14	112.80	99.39	111.86	105.93	116.37	130.22	120.66
老挝	0.00	0.01	0.14	1.10	1.18	1.27	1.06	1.22	1.05	0.88	1.27	0.98
马来西亚	5.75	10.66	28.65	106.53	133.57	139.73	134.85	115.96	95.28	94.48	102.45	101.45
缅甸	0.41	0.41	0.29	6.05	7.36	7.35	8.84	4.51	4.60	4.89	5.21	5.65
菲律宾	3.98	2.04	15.07	62.33	75.12	83.79	83.18	79.63	80.64	80.67	81.41	79.20
新加坡	6.57	27.79	81.08	231.26	243.80	265.91	277.80	261.58	251.88	251.06	285.00	292.72
泰国	3.03	14.26	32.67	172.03	174.89	181.48	167.23	157.16	156.46	171.77	202.54	205.64
越南	0.00	0.00	3.42	12.47	13.54	25.57	25.89	34.19	28.25	36.53	49.08	55.45

资料来源：世界银行数据库（http：//data.worldbank.org/）。

三 当前菲律宾的国内政治

菲律宾的政治体制受美国影响较大，实行的是类似美国的三权分立式的总统制共和制。根据 1987 年宪法，菲律宾的政府包括行政分支的总统、两院制立法机关和独立的司法机构。总统是行政长官、国家元首和总司令，任期不超过 6 年，可以批准国会（立法机构）通过的法案，也可以行使否决权，但国会三分之二多数可以推翻这些法案。内阁任命须经国会任命委员会批准。国会由参议院（上议院，目前有 24 名议员）和众议院（众议院，目前有 297 名议员，其中 80% 是直接选举产生，20% 是从政党名单中选出）组成。参议员的任期为 6 年，众议员的任期为 3 年。在 2019 年 5 月举行的最近一次中期选举中，参议院半数席位和众议院全部席位都要改选，杜特尔特总统所属政党再次赢得空缺席位中的多数。总统选举、众议员和另一半参议员的改选将于 2022 年举行。

2016 年 6 月，罗德里戈·杜特尔特当选菲律宾第 16 任总统。前总统贝尼尼奥·阿基诺的自由党仍然是众议院最大的党派。目前，菲律宾主要的政党包括：自由党、菲律宾民主党（PDP Laban）、民族主义人民联盟（NPC）、民族主义党、民族团结党（NUP）、联合国民阵线联盟（UNA）、拉卡斯—基督教穆斯林民主党人（Lakas - CMD）、自民党（LDP）、民众党（PMP）、民主行动党、菲律宾共产党（CPP）、摩洛伊斯兰解放阵线（MILF）、摩洛民族解放阵线（MNLF）等。

第二节　2013 年以来菲律宾政治形势评估

一 菲律宾的家族政治与政党政治

影响菲律宾政治形势发展的两大关键因素分别是家族政治和政党政治，这两者是相互交织的。

在菲律宾政治中，家族政治是非常显著的特点。尽管菲律宾有着西方认为的相对规范的选举，但候选人和最后当选的议员、总统很多都来自政治家族。政治家族有着其他候选人所不具备的条件，包括获得公共资源和更高的曝光度。[①] 菲律宾的两位学者对 2013 年的菲律宾中期选举进行分析，他们发现菲律宾的 80 个省份都存在不同程度的家族政治。在 2013 年的中期选举中，74% 的当选众议员来自政治家族。[②] 由于菲律宾特殊的政治经济环境和缺乏改变家族政治的强力外部因素，家族政治的影响将长期存在。

菲律宾的政党大规模涌现是在马科斯倒台（1981 年）之后出现的，到 1988 年，菲律宾在册的政党已经有 105 个。大多数政党只关注如何赢得选举，而不太关心赢得选举后如何执政。各政党之间的区别度并不高，各个政党的主张也没有显著的差别。菲律宾政党的组织性较差，主要依靠个人的影响。尽管目前在菲律宾选举委员会注册的政党超过 100 个，但各政党主要是服务于特定的个人或家族。因此，菲律宾政党一般在选举期间有一定的影响，在选举后影响力迅速减小，而个人的影响力则不断凸显。这也导致菲律宾政党的摇摆性和临时换阵营现象的多发。因此，尽管菲律宾实行的是美式的三权分立，但却没有形成类似美国的相对固定的两党政治。

当前执政的菲律宾总统罗德里戈·杜特尔特（Rodrigo Duterte）所在的政党为菲律宾民主党。政党本身更依附于个人本身，当前其执政较为稳固，预计将完成他的六年任期至 2022 年。杜特尔特的子女都已有从政成功的个案，一个新的政治家族已经诞生。

菲律宾政局近期较为关键的事件，包括前总统费迪南德·马科斯（Ferdinand Marcos）的遗孀伊梅尔达·马科斯（Imelda Marcos）事件的

---

① Querubin, Pablo, "Family and Politics: Dynastic Persistence in the Philippines", *Quarterly Journal of Political Science*, Vol. 11, No. 2, 2016, pp. 151 – 181.

② Tadem, Teresa S. Encarnacion, and Eduardo C. Tadem, "Political Dynasties in the Philippines: Persistent Patterns, Perennial Problems", *South East Asia Research*, Vol. 24, No. 3, 2016, pp. 328 – 340, doi: 10. 1177/0967828X16659730.

发酵①，显示了菲律宾反贪运动面临的困难和家族政治的影响。政府的高级成员和政治精英即便面临腐败指控，也可以设法享有豁免权。

二　菲律宾政治的稳定性

（一）杜特尔特的健康问题

作为菲律宾有史以来当选年龄最大的总统，自2016年上任以来，杜特尔特的健康状况一直令人担忧。有关杜特尔特健康状况不佳的猜测时有出现。杜特尔特2018年10月向媒体宣布，他正在接受癌症检测，这引起人们的关注。杜特尔特在许多场合谈到过提前退休（宪法规定他的单一任期将于2022年结束），前提是他对任何潜在的继任者感到满意。然而，他认为现任副总统罗布雷多不是一个合适的继任者，指责她"太软弱"。菲律宾宪法规定，如果总统患重病，选民需要立即得到通知。内阁成员包括外交部长、国防部长、参谋长、总司令和军队必须在任何时候都可接触到总统。如果总统完全丧失行为能力，那么副总统将立即接管国家事务。这意味着，即使杜特尔特被诊断出患有重病，他也不会立即被要求将职位让给副总统，而是可以指定内阁成员承担日常治理责任。然而，如果总统完全丧失工作能力，副总统罗布雷多将接手。

自2016年12月被迫辞去内阁职务以来，罗布雷多一直处于反对派地位。她不仅经常批评总统，也是杜特尔特的主要反对者。如果罗布雷多接替杜特尔特出任总统，她会试图逆转杜特尔特政府的一些政策。

如果杜特尔特突然丧失工作能力，罗布雷多仍然是顺位总统接班人。到目前为止，杜特尔特阵营已经设法阻止了反对派的法律挑

---

①　2018年11月9日，反腐败法庭判定马科斯遗孀伊梅尔达·马科斯女士七项罪名成立，对她做出最低42年的监禁判决。马科斯家族动用其广泛的政治资本，以确保其不会入狱。杜特尔特也可能给予全面赦免，他与马科斯家族及其政治网络建立了密切关系。2016年，杜特尔特顶住民众的抗议，授权将1989年去世的马科斯的防腐尸体重新安葬在国家英雄公墓。2019年早些时候，杜特尔特表示，只有马科斯的儿子小费迪南德（Ferdinand Jr.）能够取代现任副总统兼自由党成员莱尼·罗布雷多（Leni Robredo）成为总统，他才会在2022年大选前辞职。

战，但还没有对副总统展开抹黑运动。与此同时，罗布雷多对政府政策纲领的许多方面提出含蓄的批评。她在立法机关的支持基础薄弱，如果掌权，会发现很难推动通过或撤销杜特尔特的政策的法案。因此，对于执政阵营和反对党来说，即便出现杜特尔特被迫辞职的情况，也不太可能出现权力的转移。

（二）重要政治事件的冲击

杜特尔特政府的主要优先事项之一是推动 1987 年宪法的修改，以建立联邦政府。杜特尔特提出的修订方案，是迄今为止所有修改提议中修改幅度最大的。长期以来，修改宪法一直是菲律宾的一个热点问题，之前其他三位总统的努力都没有成功。目前的提案包括了重大的体制改革措施，如取消副总统办公室、监察员和司法律师理事会。另一项正在审议的修正案是《公民权利法案》，这些提案将在国会展开漫长的辩论，并增加了立法进程陷入长期僵局的风险。虽然杜特尔特得到立法机构的大力支持，但修改宪法仍将是一个挑战。

杜特尔特将继续支持强硬路线，以应对南部棉兰老岛的长期叛乱。自 2017 年以来，菲律宾这一地区一直处于戒严状态。菲政府主要在两条战线上作战：打击叛乱分子和伊斯兰激进分子。与此同时，菲政府已经开始在该地区建立持久和平的进程。例如，杜特尔特于 2018 年 7 月签署《班萨莫罗基本法》（BBL）的修订草案。该草案是上届政府制定的，目的是为棉兰老岛穆斯林占主导的地区提供更大的自治权。尽管如此，只要戒严令仍然存在，建设性和平谈判的意愿就微乎其微。

第三节　2013 年以来菲律宾经济形势评估

一　菲律宾的经济增长情况

（一）国内生产总值（GDP）增速较快

总体而言，菲律宾经济维持了较快的增长速度。自 1980 年以来，绝大多数年份的经济增速远远大于世界平均水平，特别是 2010 年以来，国内生产总值年增速维持在 6% 以上，实现了较快的增长，其增速超越大部分东盟国家的同期国内生产总值增速，后发优势明显（见表 1 - 9）。

表 1 - 9　　　　　　　　　东盟各国 GDP 增长率　　　　　　　　（单位：%）

年份 国别	1980	1990	2000	2010	2011	2012	2013	2014	2015	2016	2017	2018
文莱	-7.00	1.09	2.85	2.60	3.75	0.91	-2.13	-2.35	-0.57	-2.47	1.33	0.05
柬埔寨			10.71	5.96	7.07	7.31	7.36	7.14	7.04	7.03	7.02	7.52
印度 尼西亚	9.88	7.24	4.92	6.22	6.17	6.03	5.56	5.01	4.88	5.03	5.07	5.17
老挝		6.70	5.80	8.53	8.04	8.03	8.03	7.61	7.27	7.02	6.85	6.50
马来西亚	7.44	9.01	8.86	7.42	5.29	5.47	4.69	6.01	5.09	4.22	5.90	4.72
缅甸	7.94	2.82	13.75	9.63	5.59	7.33	8.43	7.99	6.99	5.86	6.76	6.20
菲律宾	5.15	3.04	4.41	7.63	3.66	6.68	7.06	6.15	6.07	6.88	6.68	6.24
新加坡	10.11	9.82	9.04	14.53	6.26	4.45	4.82	3.90	2.89	2.96	3.70	3.14
泰国	5.17	11.17	4.46	7.51	0.84	7.24	2.69	0.98	3.13	3.36	4.02	4.13
越南		5.10	6.79	6.42	6.24	5.25	5.42	5.98	6.68	6.21	6.81	7.08
世界	1.90	2.91	4.39	4.28	3.13	2.51	2.65	2.84	2.86	2.57	3.16	3.03

注：空缺数据为缺失数据或数值过低而无法显示。

资料来源：世界银行数据库（http://data.worldbank.org/）。

　　由于人口增长，抵消了部分 GDP 增速，1980 年以来，菲律宾的人均 GDP 增速略低于 GDP 增速；但从横向比较来看，其人均 GDP 增速仍然处于较快的增长速度，远远高于世界平均水平，也高于多数东盟其他国家同期的人均 GDP 增速（见表 1 - 10）。

表 1 - 10　　　　　　　　东盟各国人均 GDP 增速　　　　　　　（单位：%）

年份 国别	1980	1990	2000	2010	2011	2012	2013	2014	2015	2016	2017	2018
文莱	-10.01	-1.75	0.70	1.35	2.42	-0.43	-3.44	-3.62	-1.80	-3.60	0.21	-0.99
柬埔寨			8.26	4.34	5.38	5.58	5.60	5.40	5.33	5.37	5.39	5.93
印度 尼西亚	7.32	5.35	3.48	4.81	4.75	4.61	4.15	3.64	3.56	3.76	3.84	3.99
老挝		3.71	4.04	6.78	6.36	6.40	6.43	6.02	5.66	5.39	5.20	4.86

续表

年份\国别	1980	1990	2000	2010	2011	2012	2013	2014	2015	2016	2017	2018
马来西亚	4.81	5.98	6.36	5.62	3.67	3.96	3.27	4.60	3.69	2.82	4.47	3.32
缅甸	5.60	1.32	12.43	8.88	4.78	6.45	7.51	7.11	6.18	5.14	6.08	5.56
菲律宾	2.31	0.45	2.18	5.85	1.92	4.88	5.27	4.41	4.40	5.29	5.15	4.77
新加坡	8.72	5.63	7.17	12.51	4.07	1.92	3.13	2.56	1.68	1.64	3.61	2.66
泰国	3.01	9.62	3.37	6.99	0.36	6.74	2.22	0.55	2.72	2.97	3.67	3.80
越南		2.88	5.62	5.36	5.16	4.16	4.32	4.87	5.57	5.12	5.73	6.02
世界	0.15	1.15	3.03	3.04	1.93	1.31	1.45	1.64	1.67	1.39	1.99	1.90

注：空缺数据为缺失数据或数值过低而无法显示。

资料来源：世界银行数据库（http：//data. worldbank. org/）。

从更能反映民众获得感的国民总收入（GNI）和人均国民收入来看，除2011年外，2010年以来，菲律宾的国民总收入维持5%以上的增速（见表1-11），人均国民收入保持4%以上的增速（见表1-12）。这两个指标均高于世界同期的平均水平，但与东盟其他国家的增长水平持平或略低于其他国家。

表1-11   东盟各国 GNI 增速   （单位:%）

年份\国别	1980	1990	2000	2010	2011	2012	2013	2014	2015	2016	2017	2018
文莱			2.85	1.38	1.16	1.25	-0.51	-1.18	4.33	-0.89	0.72	
柬埔寨			9.46	5.77	6.84	6.59	8.50	6.09	5.93	6.94	6.87	6.83
印度尼西亚					6.04	6.04	5.39	4.65	4.94	5.17	4.98	5.31
老挝				4.65	6.97	9.41	8.72	8.65	7.31	6.90	5.75	
马来西亚	8.31	10.44	7.65	6.18	6.14	4.06	5.11	6.03	5.70	4.20	6.00	3.92
缅甸												
菲律宾	4.62	4.90	7.69	6.92	2.89	7.14	8.20	5.78	5.98	6.55	6.49	5.92
新加坡	4.66	9.38	7.15	19.50	3.72	3.42	3.89	5.98	-0.79	2.71	3.57	3.30
泰国	5.58	11.19	5.70	6.75	2.74	4.93	0.76	2.33	3.00	3.85	4.25	4.06
越南			14.42	16.29	5.66	5.42	5.14	5.43	6.28	7.21	6.00	6.20
世界	1.47	2.67	4.53	4.35	3.16	2.49	2.59	3.00	2.81	2.51	3.27	

注：空缺数据为缺失数据或数值过低而无法显示。

资料来源：世界银行数据库（http：//data. worldbank. org/）。

表1－12　　　　　　　东盟各国人均 GNI 增速　　　　　（单位:%）

年份\国别	1980	1990	2000	2010	2011	2012	2013	2014	2015	2016	2017	2018
文莱			0.70	0.14	-0.14	-0.10	-1.84	-2.47	3.04	-2.05	-0.39	
柬埔寨			7.04	4.16	5.15	4.86	6.73	4.36	4.25	5.27	5.25	5.25
印度尼西亚				4.62	4.61	3.99	3.29	3.62	3.89	3.76	4.12	
老挝				2.97	5.32	7.76	7.11	7.04	5.70	5.27	4.12	
马来西亚	5.65	7.37	5.17	4.40	4.50	2.56	3.69	4.62	4.29	2.80	4.57	2.53
缅甸												
菲律宾	1.79	2.27	5.39	5.15	1.16	5.33	6.38	4.06	4.32	4.95	4.96	4.45
新加坡	3.34	5.20	5.31	17.40	1.58	0.92	2.22	4.61	-1.96	1.38	3.48	2.81
泰国	3.41	9.65	4.60	6.22	2.25	4.44	0.31	1.89	2.58	3.46	3.89	3.73
越南			13.17	15.13	4.59	4.33	4.04	4.33	5.18	6.10	4.93	5.15
世界	-0.27	0.92	3.17	3.11	1.96	1.29	1.39	1.80	1.62	1.33	2.11	

注:空缺数据为缺失数据或数值过低而无法显示。

资料来源:世界银行数据库 （http：//data. worldbank. org/）。

菲律宾经济增长的可持续性有较好的保障。从 1980 年到 2018 年，菲律宾全国总储蓄额占 GDP 的比重从 26.62% 提高到 42.34%，并在 2010—2018 年间基本维持在 40% 以上。这一数值不仅高于大多数东盟国家（2017 年居东盟国家第三位，仅次于文莱和新加坡），而且远高于世界同期的平均水平（世界平均水平在 20% 左右，见表 1－13）。这表明菲律宾的国内消费和投资具有较强的潜力，而东亚国家经济起飞所需要的国内资本储蓄这一条件在菲律宾已经具备。

表1－13　　　　　　　储蓄在国内生产总值中的占比　　　　　（单位:%）

年份\国别	1980	1990	2000	2010	2011	2012	2013	2014	2015	2016	2017	2018
文莱				60.15	63.78	62.90	60.28	59.71	57.12	56.41	55.64	
柬埔寨			14.20	17.50	16.36	18.86	21.06	21.36	20.74	20.33	23.19	24.72
印度尼西亚		22.45	26.29	32.73	33.22	31.99	31.12	30.67	30.12	29.92	30.79	31.63
老挝			8.53	9.68	18.40	6.87	5.73	10.17	10.75	17.65	18.56	
马来西亚	27.71	30.38	35.92	33.47	34.08	30.92	29.42	29.37	28.16	28.26	28.53	
缅甸				33.15	37.60	33.58	32.46	30.56	31.33	30.94	29.18	

续表

年份 国别	1980	1990	2000	2010	2011	2012	2013	2014	2015	2016	2017	2018
菲律宾	26.62	18.62	40.55	48.08	44.90	43.25	45.06	46.10	44.22	43.59	43.86	42.34
新加坡	33.83	43.73	46.16	50.88	48.57	47.06	45.41	47.10	42.42	44.36	45.36	46.06
泰国	22.09	33.03	30.78	29.63	31.43	29.24	27.53	27.68	28.37	30.19	32.09	32.20
越南			39.16	30.44	29.84	30.83	29.64	28.34	24.57	24.65	24.40	
世界	22.95	23.26	24.96	24.63	25.07	25.25	24.96	25.35	25.19	24.66	25.23	

注：空缺数据为缺失数据或数值过低而无法显示。

资料来源：世界银行数据库（http：//data. worldbank. org/）。

（二）经济增长的预测

基础设施状况不佳是菲律宾经济发展的主要障碍之一，菲律宾政府正计划通过"杜特尔特经济学"（duterteomics）来解决这些资金缺口。杜特尔特经济学是一项大规模的基础设施支出计划。这项名为"大建特建"的倡议是一项雄心勃勃的十年计划，预计将耗资 1800 亿美元，建设 75 个大型项目。[①] 到目前为止，这笔资金的主要来源是政府，杜特尔特也希望通过引进包括中国的官方发展援助（ODA）资金来解决资金缺口。

菲律宾政府的另一项关键举措是修改国家税法，增加间接税收入，减轻家庭和企业的直接税收负担。菲政府于 2017 年 12 月通过的第一个税收方案，减轻了许多中低收入者的个人所得税负担，但也提高或引入了石油产品和含糖饮料等一系列商品的间接税税率。菲政府设想到 2019 年将企业所得税税率从 30% 降至 25%，但希望通过减少对私营部门的税收优惠来抵消降低税收后的损失。

由于腐败现象普遍、官僚作风、资金缺口以及政府首选的公私伙伴关系结构有效性存在不确定性，经济方面的改革将遇到各种阻碍。根据经济学人智库（EIU）的预测，2019—2023 年，菲律宾的实际GDP 增速将低于前几年，但国内需求仍将保持强劲。2019—2023 年的实际 GDP 增长率平均为 5.7%，低于 2014—2018 年 6.4% 的平均增

---

① Duterteomics，https：//en. wikipedia. org/wiki/DuterteNomics.

速。① 2019—2023 年，私人消费仍将是经济增长的主要驱动力，但较高水平的消费价格通胀和高利率将对家庭支出增长产生抑制作用。由于全球大宗商品价格疲软，通货膨胀短暂放缓，这些因素将在 2020 年提振私人消费。2020 年，支撑家庭支出的侨汇流入也将放缓，预计美国经济（菲律宾劳工的主要市场之一）的实际 GDP 增长将显著放缓。在历届政府民粹主义财政政策支撑下，2019—2023 年政府消费年均增长 7.5%，但稳定的国内需求、通货膨胀和汇率因素仍对菲律宾经济增长有不确定的影响。

二　菲律宾的外贸与外资情况

（一）菲律宾的对外贸易

菲律宾的商品进出口保持了较快的发展势头，其商品出口额从 1980 年的 57.9 亿美元增加到 2018 年的 516.7 亿美元，年均增速为 5.93%，略高于同期菲律宾的 GDP 增速。从 2010 年到 2018 年，菲律宾商品出口的年均增速为 4.34%，低于此前的商品出口增速。从横向比较看，菲律宾在东盟国家中的商品出口额居第六位，低于新加坡、泰国、越南、印度尼西亚和马来西亚（见表 1 – 14）。

表 1 - 14　　　　菲律宾等国的商品出口额（现价美元）　（单位：十亿美元）

年份\国别	1980	1990	2000	2010	2011	2012	2013	2014	2015	2016	2017	2018
文莱	0.00	0.00	0.00	8.80	12.38	12.88	11.84	11.11	6.13	4.81	5.47	0.00
柬埔寨	0.00	0.00	1.40	3.90	5.04	5.68	7.04	8.17	9.34	10.27	11.22	12.96
印度尼西亚	0.00	26.81	65.41	149.97	191.11	187.35	182.09	175.29	149.12	144.47	168.88	180.75
老挝	0.00	0.08	0.33	1.75	1.85	2.19	2.26	3.28	3.65	4.24	4.82	0.00
马来西亚	12.96	28.81	98.24	187.34	215.16	208.80	202.29	207.48	174.63	165.52	187.93	0.00
缅甸	0.43	0.22	1.20	7.33	7.70	8.22	9.40	10.03	9.96	9.23	9.81	0.00
菲律宾	5.79	8.19	21.84	36.77	38.28	46.38	44.51	49.82	43.20	42.73	51.81	51.67

---

① Economist Intelligence Unit, *Country Report*：*Philippines*，April，29th 2019.

续表

年份 国别	1980	1990	2000	2010	2011	2012	2013	2014	2015	2016	2017	2018
新加坡	19.43	54.68	155.33	371.41	442.56	444.69	449.89	440.99	385.42	364.48	399.94	450.83
泰国	6.45	22.81	67.89	192.90	221.40	227.66	227.46	226.62	214.05	214.25	235.27	252.16
越南	0.00	0.00	14.45	72.24	96.91	114.69	132.03	150.22	162.11	176.63	214.14	0.00

注：空缺数据为缺失数据或数值过低而无法显示。

资料来源：世界银行数据库（http：//data. worldbank. org/）。

从 1980 年到 2018 年，菲律宾的商品进口额从 77.3 亿美元增加到 1007.1 亿美元，年均增速 6.99%，快于同期商品出口增速，表明菲律宾商品贸易的赤字有扩大的趋势。从 2010 年到 2018 年，菲律宾商品进口增速进一步增加到 8.20%。这表明菲律宾的商品贸易逆差扩大的趋势还在继续。从横向比较来看，菲律宾的商品进口额在东盟国家中居第六位，低于新加坡、泰国、越南、印度尼西亚和马来西亚（见表 1 - 15）。

表 1 - 15　　　　菲律宾等国的商品进口额（现价美元）　（单位：十亿美元）

年份 国别	1980	1990	2000	2010	2011	2012	2013	2014	2015	2016	2017	2018
文莱	0.00	0.00	0.00	2.57	3.76	4.12	4.91	3.67	3.22	2.66	3.07	0.00
柬埔寨	0.00	0.00	1.94	6.59	8.15	9.21	10.68	12.02	13.29	14.12	15.50	18.81
印度 尼西亚	0.00	21.46	40.37	118.96	157.28	178.67	176.26	168.31	135.08	129.15	150.07	181.18
老挝	0.00	0.19	0.54	2.06	2.42	3.05	3.05	4.98	5.68	5.37	5.64	0.00
马来西亚	10.57	26.28	77.52	148.93	169.23	172.15	171.71	172.88	146.69	140.99	160.68	0.00
缅甸	0.80	0.52	2.14	3.86	7.49	7.63	9.52	11.90	13.77	12.81	15.58	0.00
菲律宾	7.73	12.21	30.06	53.63	58.70	65.31	62.17	67.15	66.51	78.28	92.03	100.71
新加坡	22.40	56.31	139.11	309.44	367.57	370.26	371.51	354.96	294.65	278.04	308.84	353.25
泰国	8.35	29.56	56.19	166.23	209.21	227.63	227.42	209.42	187.25	177.71	201.11	229.81
越南	0.00	0.00	14.07	77.37	97.36	104.78	123.32	138.09	154.72	162.62	202.64	0.00

注：空缺数据为缺失数据或数值过低而无法显示。

资料来源：世界银行数据库（http：//data. worldbank. org/）。

1980—2018 年间，菲律宾的服务贸易出口额从 14.5 亿美元增加到 374.7 亿美元，年均增速为 9%，实现较快的增长，服务贸易出口增速快于同期的商品贸易出口增速。2010—2018 年间，服务贸易出口的增速进一步提高到 10%，这表明菲律宾服务贸易出口保持了较为强劲的增长。从东盟国家横向比较来看，2017 年菲律宾的服务贸易出口额居第四位，仅次于新加坡、泰国、马来西亚，增速排名第三位，仅次于柬埔寨和泰国（见表 1－16）。

表 1－16　　　　菲律宾等国的服务贸易出口额（现价美元）（单位：十亿美元）

年份 国别	1980	1990	2000	2010	2011	2012	2013	2014	2015	2016	2017	2018
文莱	0.00	0.00	0.00	0.46	0.50	0.48	0.49	0.56	0.65	0.53	0.55	0.00
柬埔寨	0.00	0.00	0.43	2.03	2.73	3.19	3.49	3.81	3.95	4.03	4.61	5.45
印度尼西亚	0.00	2.49	5.21	16.67	21.89	23.66	22.94	23.53	22.22	23.32	25.33	27.93
老挝	0.00	0.02	0.18	0.51	0.55	0.65	0.78	0.76	0.84	0.83	0.88	0.00
马来西亚	1.14	3.86	14.05	34.68	38.84	40.58	42.10	42.06	34.94	35.60	37.07	0.00
缅甸	0.05	0.09	0.91	0.37	0.76	1.23	2.75	3.13	3.78	3.80	3.85	0.00
菲律宾	1.45	3.24	5.62	17.78	18.88	20.44	23.34	25.50	29.07	31.20	34.83	37.47
新加坡	4.86	12.81	25.97	100.83	120.09	129.92	143.44	155.76	155.76	156.98	172.60	184.02
泰国	1.49	6.42	13.87	34.34	41.54	49.72	58.78	55.54	61.76	67.79	75.53	84.13
越南	0.00	0.00	2.70	7.46	8.88	9.62	10.71	10.97	11.20	12.25	13.11	0.00

注：空缺数据为缺失数据或数值过低而无法显示。

资料来源：世界银行数据库（http://data.worldbank.org/）。

从 1980 年到 2018 年，菲律宾的服务贸易进口额从 14.4 亿增加到 269.8 亿美元，年均增速 8%，高于同期商品贸易进口增速；从 2010 年到 2018 年，其服务贸易进口增速提高到 11%，这表明菲律宾的服务贸易进口增速快于出口增速，服务贸易的顺差正在减少。从横向比较来看，菲律宾 2017 年的服务贸易进口额居东盟国家第五位（见表 1－17）。

表 1 - 17　　　　　菲律宾等国的服务贸易进口额（现价美元）　　　（单位：十亿美元）

年份 国别	1980	1990	2000	2010	2011	2012	2013	2014	2015	2016	2017	2018
文莱	0.00	0.00	0.00	1.27	1.82	2.64	2.86	2.19	1.65	1.64	1.25	0.00
柬埔寨	0.00	0.00	0.33	1.02	1.39	1.59	1.79	2.08	2.24	2.43	2.74	3.02
印度 尼西亚	0.00	6.06	15.64	26.46	31.69	34.22	35.01	33.54	30.92	30.41	32.71	35.03
老挝	0.00	0.03	0.04	0.26	0.33	0.74	1.06	1.15	1.08	1.02	1.15	0.00
马来西亚	2.96	5.48	16.75	32.64	38.34	43.35	45.14	45.32	40.17	40.14	42.38	0.00
缅甸	0.07	0.07	0.32	0.79	1.09	1.46	2.19	2.20	2.39	2.51	2.88	0.00
菲律宾	1.44	1.76	5.25	12.02	12.32	14.26	16.32	20.92	23.61	24.16	26.14	26.98
新加坡	2.91	8.64	30.41	101.21	119.79	135.02	150.47	168.06	163.18	159.89	181.47	186.96
泰国	1.64	6.31	15.46	41.33	46.10	45.67	47.40	45.25	42.52	43.51	46.67	55.29
越南	0.00	0.00	3.25	9.92	11.86	12.09	13.82	14.50	15.50	17.65	16.98	0.00

注：空缺数据为缺失数据或数值过低而无法显示。

资料来源：世界银行数据库（http：//data. worldbank. org/）。

　　从菲律宾商品与服务贸易出口的合计情况来看，从 1980 年到 2018 年，菲律宾的出口增速（含商品出口和服务出口）变化较大，1980 年，其出口增速高达 39.82%，而 2011 年出口增速则为 - 2.54%。2010—2018 年，出口增速变化较大的特点依旧，2010 年出口增速为 20.97%，2011 年、2013 年的增速则是负增长。在东盟十国中，菲律宾的出口增速变化最大。总体而言，与世界同期出口平均增速相比，菲律宾出口增速在绝大多数年份都远高于世界平均水平，出口呈现较快的增长（见表 1 - 18）。

表 1 - 18　　　　　　　　菲律宾商品和服务出口年增速　　　　　　　（单位：%）

年份 国别	1980	1990	2000	2010	2011	2012	2013	2014	2015	2016	2017	2018
文莱		1.28	11.89	- 7.80	- 3.00	1.21	- 5.68	0.86	- 10.80	- 1.90	- 2.71	2.85
柬埔寨			30.30	20.56	18.88	14.42	14.02	11.28	7.21	8.62	5.26	5.27
印度 尼西亚	- 5.64	0.45	26.48	15.27	14.77	1.61	4.17	1.07	- 2.12	- 1.66	8.91	6.48
老挝				15.71	22.42	6.71	19.36	7.03	6.65	10.46	11.00	
马来西亚	3.17	17.82	16.07	10.42	4.18	- 1.74	0.26	5.04	0.25	1.32	9.37	1.52
缅甸												

续表

年份\国别	1980	1990	2000	2010	2011	2012	2013	2014	2015	2016	2017	2018
菲律宾	39.82	1.86	13.72	20.97	-2.54	8.58	-0.97	12.63	8.48	11.62	19.66	13.44
新加坡	21.99	13.08	14.33	17.79	7.69	1.40	6.14	3.62	4.97	0.05	5.74	5.15
泰国	7.71	13.39	15.83	14.22	9.51	4.88	2.72	0.26	1.57	2.82	5.45	4.19
越南		12.93	21.10	8.45	10.78	15.71	17.37	11.56	12.64	13.86	16.74	14.27
世界	1.64	5.56	11.80	11.42	6.64	2.86	2.90	3.63	3.43	2.72	4.93	4.25

注：空缺数据为缺失数据或数值过低而无法显示。

资料来源：世界银行数据库（http：//data. worldbank. org/）。

　　从 1980 年到 2018 年，菲律宾的进口（含商品进口和服务进口）一直维持较快的增长，但变化幅度较大，2010 年进口增速为 22.52%，2011 年的进口增速则突然下降为 -0.56%。2010 年以来，除了 2010 年和 2011 年增速剧烈变动外，大多数年份的进口保持了较快的增长，2018 年的进口增幅为 15.97%。除了个别年份，菲律宾的进口增速大大高于世界平均水平（见表 1 - 19）。

表 1 - 19　　　　　　菲律宾等国进口商品和服务的年增速　　　　　（单位：%）

年份\国别	1980	1990	2000	2010	2011	2012	2013	2014	2015	2016	2017	2018
文莱		17.95	-6.23	-0.27	33.72	20.59	14.52	-30.90	-11.71	2.71	1.29	28.07
柬埔寨			23.72	16.82	16.35	16.86	15.11	10.14	6.50	8.61	4.06	4.06
印度尼西亚	15.12	23.11	25.93	17.34	15.03	8.00	1.86	2.12	-6.25	-2.41	8.06	12.04
老挝				9.24	17.10	31.03	13.39	2.49	4.05	4.55	5.00	
马来西亚	20.51	26.29	24.37	15.52	6.31	2.91	1.72	3.99	0.80	1.27	10.89	0.10
缅甸												
菲律宾	19.60	10.04	11.79	22.52	-0.56	5.59	4.42	9.91	14.62	20.19	18.13	15.97
新加坡	21.30	14.50	20.02	16.31	5.69	2.58	6.51	2.77	3.38	0.09	7.54	4.65
泰国	-0.16	23.69	25.96	22.96	12.40	5.63	1.68	-5.30	0.00	-0.99	6.23	8.59
越南		-4.50	16.61	8.22	4.10	9.09	17.34	12.80	18.12	15.29	17.50	12.81
世界	1.69	5.70	12.50	11.85	6.84	2.49	2.60	3.27	2.79	2.27	5.61	4.41

注：空缺数据为缺失数据或数值过低而无法显示。

资料来源：世界银行数据库（http：//data. worldbank. org/）。

　　由于进口增速快于出口增速，菲律宾的贸易赤字不仅绝对额较大且不断增加，而且贸易赤字占国内生产总值的比重也在不断扩大。1980 年，菲律宾贸易赤字占当年国内生产总值的比重为 4.90%，2010 年，这一比例略有下降至 1.81%，到 2018 年则升高至 12.69%。2010 年以来，菲律宾在贸易赤字绝对额增加的同时，贸易赤字占国内生产总值的比例也逐步提高。照此趋势，菲律宾的贸易赤字有可能进一步增加，贸易状况不容乐观（见表 1-20）。

表 1-20　　　　　　　　菲律宾贸易顺差/逆差占 GDP 的比重　　　　　　（单位：%）

年份 国别	1980	1990	2000	2010	2011	2012	2013	2014	2015	2016	2017	2018
文莱	81.70	24.54	31.54	39.45	39.48	34.68	25.15	38.07	19.52	11.84	13.97	9.97
柬埔寨			-11.84	-5.44	-5.42	-4.82	-5.27	-4.41	-4.43	-4.39	-3.42	-1.71
印度尼西亚	8.29	1.72	10.52	1.90	2.47	-0.39	-0.79	-0.75	0.38	0.76	1.01	-1.09
老挝		-13.19	-7.51	-13.95	-11.01	-22.43	-21.83	-17.55	-17.89	-8.67	-7.15	
马来西亚	2.46	2.04	19.21	15.92	15.57	10.76	8.54	9.27	7.65	6.75	6.94	7.11
缅甸			-0.09	0.04	0.00	0.61	0.69	-2.08	-5.76	-6.96	-8.02	
菲律宾	-4.90	-5.77	-1.99	-1.81	-3.64	-3.26	-4.21	-3.65	-5.90	-9.30	-9.85	-12.69
新加坡	-6.92	10.05	12.34	26.31	27.56	24.23	23.11	23.44	27.30	26.63	25.01	26.56
泰国	-6.26	-7.52	8.38	5.72	2.03	1.03	2.83	6.76	11.52	14.76	13.83	10.33
越南		-9.24	-3.57	-8.21	-4.13	3.50	2.16	3.28	0.79	2.56	2.80	3.25
世界	-1.01	-0.16	0.93	0.76	0.57	0.64	0.69	0.57	0.76	0.83	0.87	

注：空缺数据为缺失数据或数值过低而无法显示。

资料来源：世界银行数据库（http：//data. worldbank. org/）。

　　由于进口增速高于出口增速，菲律宾出现多年的贸易赤字，并有不断扩大的趋势。1980 年，菲律宾的贸易逆差为 15.9 亿美元，2018 年的贸易逆差增至 419.9 亿美元。2010—2018 年，菲律宾的贸易逆差大幅增加，从 2010 年的 36.2 亿美元增加到 2018 年的 419.9 亿美元。在东盟国家中，除了经济较弱的老挝和缅甸持续多年出现贸易逆差外，其他国家均未出现持续多年并不断增加的贸易逆差（见表 1-21）。

表1-21　　　　　　　　菲律宾贸易顺差/逆差占额　　　（单位：十亿美元）

年份 国别	1980	1990	2000	2010	2011	2012	2013	2014	2015	2016	2017	2018
文莱	4.03	0.86	1.89	5.41	7.31	6.61	4.55	6.51	2.52	1.35	1.69	1.35
柬埔寨	0.00	0.00	-0.44	-0.61	-0.70	-0.68	-0.80	-0.74	-0.80	-0.88	-0.76	-0.42
印度 尼西亚	6.01	1.83	17.36	14.32	22.10	-3.62	-7.21	-6.67	3.29	7.05	10.30	-11.36
老挝	0.00	-0.11	-0.13	-0.99	-0.96	-2.29	-2.61	-2.33	-2.57	-1.37	-1.20	0.00
马来西亚	0.60	0.90	18.02	40.59	46.40	33.83	27.60	31.35	22.68	20.04	21.85	25.19
缅甸	0.00	0.00	-0.01	0.02	0.00	0.37	0.42	-1.36	-3.44	-4.40	-5.35	0.00
菲律宾	-1.59	-2.56	-1.61	-3.62	-8.15	-8.16	-11.44	-10.38	-17.27	-28.36	-30.30	-41.99
新加坡	-0.82	3.63	11.85	63.10	76.98	71.49	71.09	73.80	84.08	84.71	84.63	96.73
泰国	-2.02	-6.42	10.59	19.52	7.54	4.10	11.87	27.55	46.22	60.85	62.96	52.17
越南	0.00	-0.60	-1.11	-9.52	-5.60	5.46	3.70	6.10	1.53	5.26	6.27	7.97

注：空缺数据为缺失数据或数值过低而无法显示。

资料来源：世界银行数据库（http://data.worldbank.org/）。

　　1980—2018年，菲律宾对外贸易额占国内生产总值的比例有缓慢增长的趋势，从1980年的52.04%增加到2010年的71.42%，并进一步增加到2018年的76.06%。与东盟其他国家相比，特别是与东盟内的经济大国新加坡、泰国、越南、马来西亚相比，菲律宾的这一指标远远低于这些国家的同期水平，只是略高于世界平均水平（见表1-22）。因此，菲律宾的对外贸易发展水平还有较大的提升空间。

表1-22　　　　　　　　菲律宾对外贸易额占GDP的比重　　　（单位:%）

年份 国别	1980	1990	2000	2010	2011	2012	2013	2014	2015	2016	2017	2018
文莱	105.03	99.08	103.17	95.37	99.54	105.64	110.94	99.37	84.90	87.32	85.18	93.90
柬埔寨			110.89	113.60	113.58	120.60	130.05	129.61	127.86	126.95	124.79	124.90
印度 尼西亚	52.65	52.89	71.44	46.70	50.18	49.58	48.64	48.08	41.94	37.42	39.36	43.02
老挝		35.85	68.84	84.72	91.70	98.19	98.18	99.06	85.80	75.09	75.83	
马来西亚	112.99	146.89	220.41	157.94	154.94	147.84	142.72	138.31	133.46	128.82	135.84	132.26
缅甸			1.17	0.18	0.20	22.38	38.58	42.26	47.36	36.96	47.95	
菲律宾	52.04	60.80	104.73	71.42	67.70	64.90	60.25	61.47	62.69	65.50	71.90	76.06
新加坡	410.94	344.33	364.36	369.69	379.10	369.21	367.04	360.47	329.47	304.48	317.83	326.19

年份 国别	1980	1990	2000	2010	2011	2012	2013	2014	2015	2016	2017	2018
泰国	54.48	75.78	121.30	127.25	139.68	138.48	133.41	131.79	125.92	122.03	122.52	123.31
越南		81.32	111.42	152.22	162.91	156.55	165.09	169.53	178.77	184.69	200.38	187.52
世界	38.71	38.83	51.10	56.81	60.43	60.48	60.03	59.71	57.81	56.10	57.88	

注：空缺数据为缺失数据或数值过低而无法显示。

资料来源：世界银行数据库（http：//data. worldbank. org/）。

由于进口增速快于出口增速，菲律宾经常账户处于赤字状态，赤字将在2019—2020年达到最大水平。在此后几年中，由于美国和中国之间持续的贸易紧张关系，全球贸易普遍放缓，商品出口将会放缓。预计2020年，美国经济周期将出现下滑，这将进一步加剧全球经济的总体疲软。与此同时，菲律宾对进口食品和货物的需求将使商品进口额居高不下，贸易逆差可能继续。从2021年起，在更具竞争力的汇率和部分出口导向型制造业从中国转移到菲律宾的推动下，菲律宾出口增长可能会复苏，在一定程度上缩小贸易逆差。

就服务贸易而言，由于服务外包行业和旅游业的收入保持强劲，菲律宾服务贸易的盈余将继续增加。总体而言，菲律宾的国际贸易与东盟其他国家特别是新加坡、马来西亚、越南等贸易大国相比，都有较大的差距，不仅没有出现贸易盈余，而且贸易赤字还有进一步扩大的趋势。利用菲律宾丰富的人力资源和其他资源禀赋，大力发展出口导向型产业依然任重道远。

（二）菲律宾的外资利用

近年来，菲律宾利用的外商直接投资净流入的金额和外商直接投资净流入金额占国内生产总值的比重都有增加。1980年，菲律宾吸收外商直接投资 – 1.1亿美元，2010年则增加到10.7亿美元，2018年进一步增加到98亿美元。2010—2018年间，其吸收的外商直接投资增速较快（见表1 – 23）。2010年以来，在东盟十国中，菲律宾吸收的外商直接投资净流入金额大致处于第五位，在大多数年份低于新加坡、印度尼西亚、越南、马来西亚。外商直接投资净流入金额占国内生产总值的比重从1980年的-0.33%增加到2010年的0.54%，这一指标在2018年进一步增加至2.96%。与世界平均水平相比，大多数年份菲律宾的外商直接投资净流入金额占国内生产总值的比重都低于世界平均水平。可以说，菲律宾多年来吸收的外商直接投资并不多，还有较大的潜力（见表1-24）。

表1-23　　　　　外商直接投资净流入金额（现价美元）　　（单位：十亿美元）

年份 国别	1980	1990	2000	2010	2011	2012	2013	2014	2015	2016	2017	2018
文莱	0.00	0.00	0.00	0.48	0.69	0.86	0.78	0.57	0.17	-0.15	0.47	0.00
柬埔寨	0.00	0.00	0.12	1.40	1.54	2.00	2.07	1.85	1.82	2.48	2.79	3.10
印度 尼西亚	0.00	1.09	-4.55	15.29	20.56	21.20	23.28	25.12	19.78	4.54	20.51	20.17
老挝	0.00	0.01	0.03	0.28	0.30	0.62	0.68	0.87	1.08	0.94	1.60	0.00
马来西亚	0.93	2.33	3.79	10.89	15.12	8.90	11.30	10.62	9.86	13.47	9.51	0.00
缅甸	0.00	0.16	0.25	0.90	2.52	1.33	2.25	2.18	4.08	3.28	4.00	0.00
菲律宾	-0.11	0.53	1.49	1.07	2.01	3.22	3.74	5.74	5.64	8.28	10.26	9.80
新加坡	1.24	5.57	15.52	55.08	49.16	55.31	64.39	68.70	69.77	73.55	94.81	82.04
泰国	0.19	2.44	3.37	14.75	2.47	12.90	15.94	4.98	8.93	2.81	8.05	13.25
越南	0.00	0.18	1.30	8.00	7.43	8.37	8.90	9.20	11.80	12.60	14.10	0.00

注：空缺数据为缺失数据或数值过低而无法显示。

资料来源：世界银行数据库（http://data.worldbank.org/）。

表1-24　　　　　外商直接投资净流入金额占GDP的比重　　（单位:%）

年份 国别	1980	1990	2000	2010	2011	2012	2013	2014	2015	2016	2017	2018
文莱				3.51	3.73	4.54	4.29	3.32	1.32	-1.32	3.86	
柬埔寨			3.22	12.49	11.99	14.26	13.58	11.10	10.10	12.37	12.57	12.63
印度 尼西亚		1.03	-2.76	2.03	2.30	2.31	2.55	2.82	2.30	0.49	2.02	1.94
老挝		0.69	1.96	3.91	3.44	6.06	5.71	6.54	7.49	5.92	9.49	
马来西亚	3.81	5.30	4.04	4.27	5.07	2.83	3.49	3.14	3.32	4.54	3.02	
缅甸			2.86	1.82	4.20	2.23	3.74	3.32	6.84	5.18	6.00	
菲律宾	-0.33	1.20	1.84	0.54	0.90	1.29	1.37	2.02	1.93	2.72	3.27	2.96
新加坡	10.39	15.42	16.15	22.97	17.60	18.74	20.93	21.82	22.65	23.12	28.02	22.53
泰国	0.59	2.86	2.66	4.32	0.67	3.24	3.79	1.22	2.22	0.68	1.77	2.62
越南			2.78	4.16	6.90	5.48	5.37	5.20	4.94	6.11	6.14	6.30
世界	0.52	0.91	4.36	2.73	3.03	2.73	2.57	2.25	3.12	3.18	2.56	1.39

注：空缺数据为缺失数据或数值过低而无法显示。

资料来源：世界银行数据库（http://data.worldbank.org/）。

菲律宾杜特尔特政府已经意识到吸引外资不足的问题并开始进一步调整其外商投资政策。2018 年 10 月下旬，总统办公室公布了新的外国投资负面清单。这是杜特尔特政府首次发布"常规外国投资者负面清单"（Regular Foreign Investment Negative List，RFINL）的更新版本，也是负面清单的第 11 次修订。新的负面清单调整后，允许外资在以下领域拥有 100% 所有权：非媒体互联网企业、不提供技术培训的高等教育教学机构、技能培训中心、非银行金融机构、健康中心。新的负面清单维持了公用事业 40% 的外资股本上限要求，但将发电业列为不适用 40% 上限的行业。对从事地方资助的公共工程建设和维修的承包商，外资持股比例的上限从 25% 提高到 40%，但建设—运营—移交（BOT）计划下的项目和外资或援助并需要进行国际竞标的项目除外。①

新版负面清单最显著的变化是发电行业和建筑业的变化。菲律宾强劲的经济增长一直面临电力不足的问题，发电能力一直未能跟上不断增长的电力需求，因此有意放宽电力行业的外资准入。由于当地建筑公司接近产能极限，政府基础设施项目被延迟，因此放宽了建筑行业的外资准入。

三　菲律宾的财政与货币政策

（一）菲律宾的债务情况

菲律宾的债务情况近年来也有较多的讨论，特别是随着中菲关系的改善，以美国官方为代表的机构经常炒作这一议题。我们从以下三个指标对菲律宾的债务情况进行分析，并将其与东盟其他国家做初步对比。

从存量外债的绝对额来看，菲律宾的外债绝对额有增加的趋势，从 1980 年的 174.2 亿美元增加到 2010 年的 653.6 亿美元，2017 年，其存量外债为 730.8 亿美元。按照 2017 年东盟各国的存量外债绝对

---

① Economist Intelligence Unit, *Country Report*：*Philippines*，April，29th 2019.

额来看，菲律宾的外债额在东盟国家中居第四位，仅次于印度尼西亚、泰国、越南（见表1-25）。

表1-25　　　　　　东盟各国存量外债总额（现价美元）　　　（单位：十亿美元）

年份 国别	1980	1990	2000	2010	2011	2012	2013	2014	2015	2016	2017	2018
文莱	0.00	0.00	0.00	0.00	0.00	0.00	0.00	0.00	0.00	0.00	0.00	
柬埔寨	0.00	0.10	1.95	3.82	4.47	6.56	7.43	8.13	9.70	11.20	11.90	
印度尼西亚	20.94	69.85	144.03	198.27	219.62	252.56	265.46	292.98	306.20	320.97	354.35	
老挝	0.35	1.77	2.53	6.55	7.08	7.42	8.19	9.64	11.66	13.52	14.50	
马来西亚	0.00	0.00	0.00	0.00	0.00	0.00	0.00	0.00	0.00	0.00	0.00	
缅甸	1.62	5.06	6.24	10.19	10.81	11.28	12.37	13.85	14.85	14.43	16.14	
菲律宾	17.42	30.58	58.46	65.36	66.11	69.37	66.20	77.43	76.45	73.01	73.08	
新加坡	0.00	0.00	0.00	0.00	0.00	0.00	0.00	0.00	0.00	0.00	0.00	
泰国	8.30	28.17	79.83	106.36	109.94	134.26	137.35	135.29	129.65	121.50	129.76	
越南	0.00	23.27	12.79	44.90	53.89	61.58	65.45	72.42	77.81	85.64	104.08	

注：空缺数据为缺失数据或数值过低而无法显示。

资料来源：世界银行数据库（http://data.worldbank.org/）。

　　菲律宾的存量外债在该国国民总收入（GNI）的比例从1980年的54.41%下降到2010年的27.17%，并在2017年进一步降低到19.38%（见表1-26）。从纵向发展来看，菲律宾的存量外债尽管绝对额在增加，但占国民总收入的比例却在不断降低，这表明菲律宾的外债情况在逐步好转；从横向比较来看，与东盟十国相比，除了文莱、新加坡、马来西亚等没有数据或存量外债较少外，菲律宾的外债比例低于大多数东盟国家，并保持了下降的趋势。这表明，菲律宾的外债总额不大，占比也不高，不存在所谓的债务问题。

表1-26　　　　东盟各国存量外债占国内总收入（GNI）的比例　　　（单位:%）

年份 国别	1980	1990	2000	2010	2011	2012	2013	2014	2015	2016	2017	2018
文莱												
柬埔寨			55.07	35.65	36.56	49.24	50.98	51.37	57.23	59.63	57.20	

续表

年份\国别	1980	1990	2000	2010	2011	2012	2013	2014	2015	2016	2017	2018
印度尼西亚	30.22	69.21	93.48	26.98	25.29	28.31	29.99	34.03	36.79	35.57	36.03	
老挝		204.32	152.43	98.17	86.83	77.46	72.48	76.01	84.83	89.40	90.82	
马来西亚												
缅甸			70.08	20.57	18.03	19.60	21.23	22.23	25.98	23.61	24.51	
菲律宾	54.41	70.19	61.55	27.17	24.62	23.02	20.04	22.45	21.59	19.89	19.38	
新加坡												
泰国	25.86	33.42	64.43	32.54	30.38	35.39	34.91	35.01	34.06	30.96	29.80	
越南		384.01	38.52	40.27	41.55	41.17	39.94	40.83	42.44	43.49	48.81	

注：空缺数据为缺失数据或数值过低而无法显示。

资料来源：世界银行数据库（http：//data. worldbank. org/）。

短期外债占各国外汇储备的比例也基本展示了与上一指标相同的趋势。在东盟国家中，菲律宾短期外债的降幅尤其明显，1980 年，菲律宾短期外债占外汇储备的比例高达 189.95%，到 2000 年，这一指标已经下降到 36.45%，而到 2017 年，则进一步下降到 17.53%。在东盟国家中，除了缺失数据或没有短期外债的文莱、新加坡、马来西亚三国，2017 年菲律宾的数值仅略高于柬埔寨，好于大多数东盟国家（见表 1 - 27）。

表 1 - 27　　　　　东盟各国短期外债占各国外汇储备的比例　　　　　（单位:%）

年份\国别	1980	1990	2000	2010	2011	2012	2013	2014	2015	2016	2017	2018
文莱												
柬埔寨			0.01	9.93	12.23	17.09	19.26	17.80	18.06	19.51	15.10	
印度尼西亚	40.79	128.63	73.89	34.35	34.66	39.23	46.39	41.09	36.28	34.96	37.62	
老挝		1.92	1.60	5.07	4.84	4.64	75.33	67.56	68.36	80.76	46.51	
马来西亚												
缅甸	0.04	49.12	171.81	19.54	16.18	13.28	10.11	17.82	18.89	17.33	17.56	
菲律宾	189.95	217.42	36.45	16.87	16.04	19.64	20.33	20.40	18.72	18.01	17.53	
新加坡												
泰国	76.10	58.37	45.55	29.45	27.04	32.06	37.01	35.69	32.76	30.73	28.83	
越南			24.09	55.58	79.61	48.28	46.99	39.78	42.43	34.82	44.62	

注：空缺数据为缺失数据或数值过低而无法显示。

资料来源：世界银行数据库（http：//data. worldbank. org/）。

从菲律宾外债的绝对额、外债在国民总收入的占比、短期外债占外汇储备的占比三个指标来看，菲律宾外债的绝对额在增加，但相对占比已大幅下降。2010年以来，各个指标都维持在较为健康的水平，好于东盟的大多数国家。菲律宾所谓的债务陷阱问题缺乏依据。

（二）菲律宾的侨汇

侨汇是菲律宾经济的重要支柱之一。菲律宾接收的侨汇总额呈上升趋势，1980年收到的侨汇额为6.3亿美元，2010年为215.6亿美元，2018年进一步增加到338.1亿美元。1980—2010年，菲律宾接收侨汇额实现年均13%的增长；2010—2018年，增速则下降到6%。从菲律宾接收的侨汇占世界侨汇总额的比例来看，这一比例从1980年的1.69%提高到2010年的5.15%，2018年这一指标为5.4%。当前，菲律宾是世界主要的侨汇大国。从横向比较来看，菲律宾一直是东盟国家中接收侨汇最多的国家（见表1-28）。

表1-28　　　　菲律宾等国接收的侨汇总额（现价美元）　（单位：十亿美元）

年份 国别	1980	1990	2000	2010	2011	2012	2013	2014	2015	2016	2017	2018
文莱	0.00	0.00	0.00	0.00	0.00	0.00	0.00	0.00	0.00	0.00	0.00	0.00
柬埔寨	0.00	0.00	0.10	0.56	0.61	0.86	1.00	1.10	1.19	1.20	1.29	1.43
印度 尼西亚	0.00	0.17	1.19	6.92	6.92	7.21	7.61	8.55	9.66	8.91	8.99	11.21
老挝	0.00	0.01	0.00	0.04	0.11	0.20	0.17	0.19	0.19	0.19	0.25	0.27
马来西亚	0.00	0.19	0.34	1.10	1.21	1.29	1.42	1.58	1.64	1.60	1.65	1.66
缅甸	0.00	0.01	0.00	0.11	0.13	0.27	1.64	1.86	2.00	2.35	2.58	2.75
菲律宾	0.63	1.47	6.92	21.56	23.05	24.61	26.72	28.69	29.80	31.14	32.81	33.81
新加坡	0.00	0.00	0.00	0.00	0.00	0.00	0.00	0.00	0.00	0.00	0.00	0.00
泰国	0.38	0.97	1.70	4.43	5.26	5.66	6.58	6.52	5.89	6.27	6.72	7.46
越南	0.00	0.00	1.34	8.26	8.60	10.00	11.00	12.00	13.00	14.00	15.00	15.93
世界	37.02	68.44	121.61	418.67	470.29	495.60	525.36	559.59	564.42	551.08	583.51	626.16

注：空缺数据为缺失数据或数值过低而无法显示。

资料来源：世界银行数据库（http://data.worldbank.org/）。

随着侨汇额的增长，侨汇在菲律宾经济中的重要性日渐提高。菲律宾侨汇收入占其国内生产总值的比重从1980年的1.93%提高到

2010 年的 10.80%，此后一直维持在 10.00% 左右，2018 年侨汇收入占其国内生产总值的比重为 10.22%。菲律宾的这一比例在东盟十国中是最高的，而且远高于世界同期水平，这说明侨汇在菲律宾经济中的特殊重要性（见表 1-29）。

表 1-29   **菲律宾等国接收的侨汇占 GDP 的比重**   （单位:%）

年份 国别	1980	1990	2000	2010	2011	2012	2013	2014	2015	2016	2017	2018
文莱												
柬埔寨			2.79	4.96	4.76	6.08	6.59	6.60	6.57	5.99	5.84	5.83
印度尼西亚		0.16	0.72	0.92	0.78	0.79	0.83	0.96	1.12	0.96	0.89	1.08
老挝		1.26	0.04	0.59	1.26	1.99	1.43	1.42	1.31	1.20	1.50	1.50
马来西亚		0.42	0.37	0.43	0.41	0.41	0.44	0.47	0.55	0.54	0.52	0.47
缅甸			1.15	0.23	0.21	0.46	2.73	2.85	3.36	3.71	3.86	3.87
菲律宾	1.93	3.31	8.55	10.80	10.29	9.84	9.83	10.08	10.18	10.21	10.46	10.22
新加坡												
泰国	1.18	1.14	1.34	1.30	1.42	1.42	1.57	1.60	1.47	1.52	1.48	1.48
越南			4.30	7.12	6.35	6.42	6.42	6.44	6.73	6.82	6.70	6.51
世界	0.42	0.40	0.37	0.65	0.65	0.67	0.69	0.72	0.77	0.74	0.74	0.75

注：空缺数据为缺失数据或数值过低而无法显示。

资料来源：世界银行数据库（http://data.worldbank.org/）。

总体而言，菲律宾侨汇收入总额大，且呈现增长之势，但增速有所下滑。1980—2010 年间，侨汇增长速度快，年均增速达 13%，而 2010 年至今，虽然侨汇收入的绝对额仍在增长，但增速降低至 6%。

（三）财政与货币政策

2016 年杜特尔特政府上台后，改变了前一届政府相对紧缩的财政政策，实施适度宽松的财政政策，其政府的财政赤字占国内生产总值的比率由 0.6%（2014 年）和 0.9%（2015 年）增加到 2.4%（2016 年），并在 2017—2018 年大体维持在 2% 以上。预计在杜特尔特总统执政期间（2016—2022 年），菲律宾政府将继续维持财政赤字政策，但财政赤字将保持在政府 3% 的上限以下。菲律宾政府财政赤字的主要原因是支出的大幅增加。政府支出的重点领域是基础设施和安全领域。杜特尔特政府推出基础设施领域的"大建特建"计划，在全国各地开展了较大规模的基础设施建设。同时，菲律宾政府致力于打击毒品犯罪和解决棉兰老岛的安全问题，在安全领域的支出大幅增加，军费支出也是菲律宾政府优先保障的领域。预计2019—2023年，菲律宾政府的财政赤字占国内生产总值的比例将保持在2%以上。菲律宾政府目前正在推进税收改革，这将有助于在短期内增加税收收入，减少财政赤字。菲律宾近年及未来预测的部分财政和货币指标见表1-30。

表1-30　　　　　　　　**菲律宾的部分财政和货币指标**

	2014	2015	2016	2017	2018	2019	2020
财政指标（占国内生产总值的%）							
政府财政收入	15.1	15.9	15.2	15.7	15.1	15.7	15.3
政府财政支出	15.7	16.8	17.6	17.9	17.9	18.1	17.8
政府支出平衡	-0.6	-0.9	-2.4	-2.2	-2.9	-2.5	-2.5
国债	45.5	44.8	42.1	42.1	41.7	41.1	40.4
价格和财务指标							
平均汇率（比索:美元）	44.4	45.5	47.49	50.4	52.55	53.92	53.66
平均汇率（人民币:比索）	2.38	2.66	2.29	2.22	2.1	2.07	2.02
消费者价格指数（平均变化%）	4.2	1.4	1.8	2.9	5.3	4.8	3.8
生产者价格指数（平均变化%）	-0.9	-6.7	-4.8	-0.9	0.2	1.3	0.7
货币存量M1（变动百分比）	13.3	15.2	15.1	15.7	15.1	14.6	14.7
货币存量M2（变动百分比）	10.5	9.1	13.3	11.6	10	10	9.1
平均货币市场利率（%）	1.2	1.8	1.5	2.1	3.4	3.9	3.1

注：2014—2017年数据为真实值，2018年数据为经济学人智库估计，2019—2020年数据为经济学人预测。

资料来源：国际货币基金组织，国际金融统计。

在货币政策方面，菲律宾央行延续了前期适度紧缩的政策，以抑制已经较高的通货膨胀率。2015年和2016年的消费者价格指数分别为1.4%和1.8%，2017年则提高到2.9%，2018年则进一步增加到5.3%，菲律宾央行在2019年保持紧缩倾向。2018年间，菲律宾央行将隔夜逆回购利率提高了 175 个基点，以回笼货币，控制通货膨胀。[①]菲律宾央行努力将通胀控制在 2%—4% 的目标范围内，因此其银行基准利率可能会进一步上调，货币市场利率也维持在 2% 以上的水平。从 2020 年起，菲律宾的利率政策将保持稳定，因为随着美国商业周期预期放缓，通胀将进一步放缓，经济活动也将放缓。

第四节　2013 年以来菲律宾对外关系形势评估

一　菲律宾接受的对外援助

对外援助是反映菲律宾对外关系的重要维度，菲律宾接受的对外援助主要包括官方发展援助（ODA）和技术合作赠款两部分。从 1980 年到 2017 年，菲律宾接受的官方发展援助有较大的变动，接受官方发展援助额最高的是 1990 年，达 12.7 亿美元，接受援助额最低的是 2011 年，接受援助额为负值。2010 年以来，菲律宾接受的官方发展援助额有很大的变化，援助额最高的年份是 2014 年，金额为 6.8 亿美元。与东盟其他国家相比，菲律宾接受的官方发展援助额处于中等水平，低于越南、柬埔寨等国（见表 1-31）。

表 1-31　　　菲律宾接受的官方发展援助额（现价美元）　　（单位：十亿美元）

年份 国别	1980	1990	2000	2010	2011	2012	2013	2014	2015	2016	2017	2018
文莱	0.00	0.00	0.00	0.00	0.00	0.00	0.00	0.00	0.00	0.00	0.00	
柬埔寨	0.27	0.04	0.40	0.73	0.79	0.81	0.81	0.80	0.68	0.73	0.84	
印度 尼西亚	0.94	1.72	1.66	1.39	0.40	0.07	0.07	-0.38	-0.03	-0.11	0.23	
老挝	0.05	0.15	0.28	0.41	0.40	0.41	0.42	0.47	0.47	0.40	0.48	
马来西亚	0.13	0.47	0.05	-0.01	0.04	0.02	-0.11	0.02	0.00	-0.05	-0.03	
缅甸	0.31	0.16	0.11	0.35	0.38	0.50	3.94	1.38	1.17	1.54	1.54	
菲律宾	0.30	1.27	0.58	0.54	-0.18	0.00	0.19	0.68	0.52	0.28	0.16	

---

① Economist Intelligence Unit, *Country Report: Philippines*, April, 29th 2019.

续表

年份 国别	1980	1990	2000	2010	2011	2012	2013	2014	2015	2016	2017	2018
新加坡	0.01	0.00	0.00	0.00	0.00	0.00	0.00	0.00	0.00	0.00	0.00	
泰国	0.42	0.80	0.70	-0.02	-0.13	-0.13	0.03	0.35	0.06	0.23	0.25	
越南	0.28	0.18	1.68	2.95	3.62	4.11	4.09	4.22	3.16	2.89	2.38	
世界	34.54	58.51	49.88	130.94	141.90	133.77	151.14	161.52	153.21	158.22	162.78	

注：2018年数据缺失；表格中显示的援助额为0.00，只表示其援助额低于500万。本表的单位为十亿美元，按照四舍五入的原则计为0.00。

资料来源：世界银行数据库（http：//data.worldbank.org/）。

在技术合作赠款方面，菲律宾的数值也有较大变化，数值最高的年份为2012年，数值为2.6亿美元；数值最低的年份为2017年，数值为1000万美元。与东盟其他国家同期接受的技术合作赠款相比，菲律宾接受的金额较多（见表1-32）。

表1-32　　　　菲律宾等国接受的技术合作赠款（现价美元）（单位：十亿美元）

年份 国别	1980	1990	2000	2010	2011	2012	2013	2014	2015	2016	2017	2018
文莱	0.00	0.00	0.00	0.00	0.00	0.00	0.00	0.00	0.00	0.00	0.00	0.00
柬埔寨	0.14	0.02	0.10	0.19	0.20	0.20	0.15	0.15	0.11	0.13	0.00	0.00
印度 尼西亚	0.18	0.40	0.42	0.52	0.56	0.68	0.52	0.50	0.40	0.39	0.01	0.00
老挝	0.01	0.03	0.07	0.11	0.11	0.12	0.10	0.10	0.09	0.10	0.02	0.00
马来西亚	0.05	0.12	0.08	0.05	0.05	0.05	0.03	0.04	0.03	0.04	0.00	0.00
缅甸	0.03	0.03	0.05	0.06	0.06	0.07	0.10	0.15	0.14	0.21	0.01	0.00
菲律宾	0.06	0.24	0.22	0.21	0.19	0.26	0.20	0.22	0.20	0.16	0.01	0.00
新加坡	0.02	0.03	0.01	0.00	0.00	0.00	0.00	0.00	0.00	0.00	0.00	0.00
泰国	0.10	0.23	0.20	0.12	0.12	0.13	0.10	0.09	0.00	0.08	0.00	0.00
越南	0.06	0.09	0.25	0.38	0.39	0.42	0.38	0.36	0.31	0.33	0.02	0.00

注：空缺数据为缺失数据或数值过低而无法显示。

资料来源：世界银行数据库（http：//data.worldbank.org/）。

人均官方发展援助额能更好地反映一国接受的官方发展援助的力度。在这一数值方面，菲律宾也变化较大。2010年以来，菲律宾人均官方发展援助额最高的年份是 2014 年，为 67.4 亿美元，2011 年和 2012 年则为负值，表明当年菲律宾接受的对外援助净额为负值。从横向比较来看，除了东盟内的富国文莱、新加坡、马来西亚三国，在大多数年份，菲律宾人均官方发展援助额较低或最低，表明菲律宾接受的援助额并不大（见表 1–33）。

表 1–33　　　　　菲律宾等国人均接受的官方发展
援助额（现价美元）　　　　　（单位：十亿美元）

年份\国别	1980	1990	2000	2010	2011	2012	2013	2014	2015	2016	2017	2018
文莱	0.15	15.00										
柬埔寨	40.14	4.60	32.61	51.28	54.49	54.65	53.79	52.55	43.75	46.20	52.65	
印度尼西亚	6.38	9.46	7.86	5.75	1.64	0.28	0.28	−1.50	−0.13	−0.42	0.88	
老挝	14.07	35.01	52.76	66.16	62.98	63.73	64.72	71.45	69.88	58.35	68.45	
马来西亚	9.75	25.98	2.10	−0.22	1.42	0.63	−3.85	0.67	−0.02	−1.69	−0.94	
缅甸	9.00	3.89	2.26	7.01	7.45	9.81	75.91	26.48	22.18	28.97	28.90	
菲律宾	6.30	20.53	7.37	5.76	−1.92	−0.03	1.94	6.74	5.05	2.74	1.52	
新加坡	5.75	−1.02										
泰国	8.82	14.07	11.10	−0.30	−1.99	−1.94	0.42	5.18	0.85	3.30	3.61	
越南	5.10	2.66	21.06	33.51	40.72	45.80	45.02	45.96	34.07	30.91	25.12	
世界	7.79	11.08	8.16	18.91	20.26	18.88	21.08	22.26	20.87	21.31	21.67	

注：空缺数据为缺失数据或数值过低而无法显示。

资料来源：世界银行数据库（http://data.worldbank.org/）。

官方发展援助占国民收入的比例这一指标也可以更好地反映各国接受的官方发展援助额的大小和在该国的重要性。2010 年以来，官方发展援助在菲律宾国民收入中的占比普遍较低，占比最高时仅为 0.23%（2010 年），其他年份都低于这一数值。与东盟其他国家相比，接受援助较多的柬埔寨、老挝、缅甸、越南等国官方发展援助占国民收入的比重都超过 1%（见表 1–34）。

表 1 - 34　　　　　　　菲律宾等国接收的官方发展援助在
国民总收入（GNI）中的占比　　　　　　（单位：%）

年份 国别	1980	1990	2000	2010	2011	2012	2013	2014	2015	2016	2017	2018
文莱		0.11										
柬埔寨			11.22	6.84	6.48	6.06	5.55	5.07	4.01	3.88	4.05	
印度 尼西亚	1.36	1.70	1.08	0.19	0.05	0.01	0.01	-0.04	0.00	-0.01	0.02	
老挝		17.22	16.92	6.19	4.90	4.29	3.75	3.74	3.43	2.64	2.98	
马来西亚	0.57	1.11	0.06	0.00	0.01	0.01	-0.04	0.01	0.00	-0.02	-0.01	
缅甸			1.19	0.72	0.63	0.88	6.74	2.20	2.02	2.49	2.38	
菲律宾	0.93	2.92	0.61	0.23	-0.07	0.00		0.06	0.20	0.15	0.08	0.04
新加坡	0.12	-0.01										
泰国	1.30	0.94	0.56	-0.01	-0.04	-0.03	0.01	0.09	0.02	0.06	0.06	
越南		2.98	5.07	2.64	2.79	2.75	2.49	2.38	1.72	1.47	1.12	
世界	0.31	0.26	0.15	0.20	0.19	0.18	0.20	0.20	0.20	0.21	0.20	

注：空缺数据为缺失数据或数值过低而无法显示。
资料来源：世界银行数据库（http：//data. worldbank. org/）。

从上述指标中可以看出，与东盟其他国家相比，菲律宾接受的官方发展援助、技术合作赠款的绝对额并不大，人均官方发展援助、官方发展援助占国民收入的比例较低。这表明，菲律宾政府争取对外援助的政策效果有限，官方发展援助在菲律宾整个国民经济中的重要性并不高。

二　2013 年以来菲律宾与美国的关系

菲律宾与美国有着较为复杂且密切的关系，作为曾经的殖民地和美国的盟国，菲律宾的对美依赖依然非常严重，菲律宾国内的亲美势力和美国在菲律宾国内的影响力依然强大。2013 年以来，美国经历了奥巴马政府的第二个任期（2013—2017 年）和特朗普政府（2017 年至今），菲律宾经历了阿基诺三世（2010—2016 年）和杜特尔特政府（2016 年至今）。在此期间，菲律宾—美国关系经历了一些变化，但菲律宾与美国的盟国关系依然牢固。

1898 年，美西战争后，菲律宾开始成为美国的殖民地。"二战"

后，菲律宾正式独立，1951 年，两国签署了《共同防御条约》
（Mutual Defense Treaty）。条约签订后，菲律宾一直是美国在亚太地
区的军事前哨。20 世纪 80 年代，美国在菲律宾的驻军达 1.5 万人。
1992 年，菲律宾收回租借给美国的一些基地。1998 年，两国又签
署了《军队互访协议》（Visting Forces Agreement），规定了两国联合
军演的相关内容。2014 年，美菲签署为期十年的《加强防务合作协
议》，允许美国在菲律宾驻军，并加强两国海军的合作。在奥巴马
的第二个任期，美国一直将菲律宾作为其"亚太再平衡"的重要支
点。从历史上看，美国一直是菲律宾在西方国家中最强大的盟友。
两国有着长期的经济和社会关系：美国是菲律宾侨民最多的国家，
菲律宾的亲美情绪非常强烈。菲律宾军方强烈希望维护两国之间的
密切安全关系。

特朗普任期开始后，菲律宾和美国之间的关系有所升温。这是因
为，特朗普一直高度赞扬杜特尔特的禁毒运动，并且没有对菲律宾
"人权问题"提出反对意见。

中美之间的紧张局势使菲律宾等东盟国家面临一定的压力。
2018 年 11 月 13—15 日，新加坡主办了第 33 届东盟峰会。东盟各
国高度关注美国和中国之间日益紧张的局势。在峰会期间，美国副
总统迈克·彭斯（Mike Pence）多次含蓄地抨击中国，称亚洲没有
"帝国和侵略"的容身之地。他还谈到有必要"尊重我们两国的主
权和国际秩序规则"。2018 年 11 月 17—18 日，彭斯在巴布亚新几
内亚举行的亚太经合组织（APEC）领导人峰会上毫不掩饰地抨击
了中国政府，称美国"不会让伙伴国陷入债务的汪洋大海"。由于
美国的破坏和单边主义立场，2018 年亚太经合组织会议结束时没
有发表联合公报，这是亚太经合组织会议首次没有发表联合公报。

东盟峰会和亚太经合组织会议表明，东南亚正成为中国与美国之
间竞争日益激烈的主题之一。中国希望维持与东盟各国的友好关系，
而美国决心限制中国在东南亚的影响力。在整个东盟地区，各国对这
两个超级大国的态度各不相同，但均反对美国强迫东盟国家选边站的

做法，希望维持东盟地区的自主性和东盟在区域合作中的中心地位。在此背景下，菲律宾—美国关系的发展也面临更多的不确定性因素。

三　2013 年以来菲律宾与日本的关系

尽管日本在"二战"期间占领了菲律宾，但战后两国关系迅速发展。日本成为菲律宾最重要的经济伙伴之一，在菲律宾有着良好的形象。

两国的军事安全关系不断密切。2013 年，日本政府宣布将向菲律宾海岸警卫队捐赠价值1100 万美元的 10 艘战舰。2016 年，日本又与菲律宾签订了为菲律宾提供军备的协议，协议规定日本为菲律宾提供部分军事设备，两国还可以共同进行军事技术研发。2016 年，日本为菲律宾提供了潜艇和驱逐舰训练。2016 年，两国还讨论签订共同防御条约，但杜特尔特总统上台后，该条约暂时被搁置。

菲律宾—日本关系的重要内容是两国的经济关系。根据日本外务省的统计，2017 年两国的双边贸易额为 23710 亿日元（约 208.22 亿美元），日本对菲律宾的直接投资增量为 6.35 亿美元。日本是菲律宾最大的援助提供国之一。[①] 2015 年，菲律宾政府与日本国际协力机构签署了 20 亿美元的贷款协议，用于支持菲律宾的铁路建设。这是菲律宾迄今为止最大的铁路项目，也是日本国际协力机构对外提供的最大一笔单一贷款项目。根据日本外务省的统计，截至 2016 年底，日本共向菲律宾提供贷款 27374 亿日元（约 2403.97 亿美元），赠款 2850 亿日元（约 25.03 亿美元），技术合作赠款 2300 亿日元（约 20.20 亿美元）[②]，日本是菲律宾最大的援助提供国。同时，日本还是菲律宾重要的劳动力输出市场，截至 2017 年底，有 29 万的菲律宾人在日本务工[③]，为菲律宾提供了大量的侨汇，也弥补了日本劳动力的

---

① 日本外务省，https：//www.mofa.go.jp/region/asia－paci/philippine/data.html。
② 同上。
③ 同上。

短缺。日本长期深耕菲律宾市场，两国的经贸合作仍有着较大的潜力，近年来随着安全合作的增加，预计两国关系将进一步密切。

第五节　2013年以来中菲关系发展态势评估

一　中菲政治、经济关系发展

2013年以来，中菲政治、经济关系经历了较大的起伏。2016年以前，在阿基诺三世执政期间，中菲关系因南海问题和南海仲裁而陷入低谷。但即便如此，中菲双边贸易额仍在不断增长，2013—2016年，两国的双边贸易额分别为380.6亿美元、444.6亿美元、456.5亿美元、472.1亿美元。[①] 时任菲律宾政府对"一带一路"倡议也采取较为务实的态度。2015年底，菲律宾签署加入亚洲基础设施投资银行。2016年后，中菲关系实现转圜。

（一）中菲关系的转圜

2016年杜特尔特当选以来，对南海问题相对低调处理，转而推动双边途径解决南海问题。在2018年习近平主席访问菲律宾期间，两国同意在有争议的南海地区联合开采石油和天然气。自上任以来，杜特尔特一直未过度提及两国间的领土争端。

杜特尔特热衷于大幅提升与中国的经济关系。2017年，中菲双边贸易额达512.8亿美元，较上年增长8.5%。[②] 同年，中国对菲律宾的直接投资流量为1.09亿美元，截至2017年底，中国对菲律宾的直接投资存量为8.2亿美元。2017年，中国企业在菲律宾新签工程承包合作177份，合同金额33.86亿美元，增长23.6%。[③]

2018年11月，中国国家主席习近平对菲律宾进行了首次正式访

---

① 商务部：《2018年对外投资合作国别（地区）指南：菲律宾》，第18—20页。

② 同上。

③ 同上。

问。这是自 2005 年以来中国国家主席首次正式访问菲律宾。国事访问产生了一系列投资意向，双方还签署了谅解备忘录，为菲律宾进一步参与中国"一带一路"倡议指明方向。

习近平主席的访问是杜特尔特努力调整菲律宾外交政策的证明。自 2016 年上任以来，杜特尔特已明确表示，他希望摆脱对美国的依赖，更多地转向中国。他尤其热衷于吸引中国投资，特别是基础设施建设方面的投资。2016 年以来，杜特尔特已对中国进行了五次正式访问，几乎所有访问的主题都是经济合作。迄今为止，中国已向菲律宾提供了总额 73 亿美元的贷款和赠款，用于建设 10 个大型基础设施项目。菲律宾政府还支持中国电信（China Telecom）进入菲律宾电信市场，也希望吸引其他中国投资者进入。

（二）菲国内民众对中菲关系持相对正面的态度

本次调研中，我们专门设置了相关问题，了解菲民众对中菲关系的看法。受访民众总体认可杜特尔特政府的对华政策。在 1—10 分从高到低的评分中，民众对菲现政府对华政策评分的平均数为 6.74，评价正面。考虑到中菲几年前的紧张关系，这一得分表明民众对现政府的对华政策有较高的认同度。43.81% 的受访民众认为中菲关系未来发展前景很好，18.91% 的人认为比较好，33.61% 的人认为前景一般。受教育程度较高的民众，对中菲关系的展望较为均衡，乐观和悲观的人数接近，而受教育程度较低的民众则观点极化明显。

在经贸领域，菲民众对中国对菲投资高度认可。50.21% 的受访者认为中国投资对菲律宾经济发展有良好作用，43.62% 的受访者认为有一定的促进作用。菲民众对中菲之间的贸易往来有较高的认可。在 1—10 分的评分中，受访民众认为中国游客对菲律宾重要性评分的均分为 7.43 分，表明菲民众认识到中国游客对菲的重要性。在 1—10 分的评分中，受访民众认为中国对菲律宾开放菲佣、水果市场对菲律宾重要性评分的均分为 7.31 分，表明菲民众认识到中国市场对菲的重要性。对未来中国与东盟的一体化前景评分的均分为 6.89 分，菲民众对此持相对乐观的态度。

菲民众对"一带一路"倡议的认知也比较正面。33.94%的受访者听说过"一带一路"，66.06%的人没听说过。在1—10分的评分中（1分表示影响非常差，10分表示影响非常好），菲受访民众认为"一带一路"对菲律宾影响的平均分为6.27分，表明菲律宾民众认为"一带一路"倡议对菲律宾影响是正面的，且影响较好。

（三）对华外交在菲律宾外交中的重要性较高

1—10分的评分中（1分代表最不重要，10分代表最重要），受访菲律宾民众认为中国对菲律宾的重要性评分为7.35分，美国为7.30分，日本为7.17分，印度尼西亚为5.62分，东盟为7.62分，联合国为7.25分，表明菲民众认为对华外交较为重要；东盟和联合国在其外交中的重要性也较高（见表1–35）。总体而言，受教育程度越高，对东盟和联合国重要性的评价越高。美国的贸易战在菲不得人心。调查显示，56.78%的受调查菲民众认为美国发动的贸易战将会对菲律宾有一定的负面影响，10.13%的人认为有很大的负面影响，19.82%的人认为有正面影响。

表1–35　　　　　　菲律宾民众对各国和国际组织重要性的评价　　　（单位：分）

国别	中国	美国	日本	印度尼西亚	东盟	联合国
重要性评分	7.35	7.30	7.17	5.62	7.62	7.25

二　中菲关系的主要影响议题

（一）南海问题

南海问题是中菲之间最可能爆发冲突的领域。菲律宾民众对该问题的看法对南海政策有重要的预判作用。受访菲律宾民众对当前菲律宾政府南海政策的认同度一般，在1—10分的评分表中（1分代表完全不认同，10分代表完全认同），受访民众评分的平均分是5.48分，属于基本认同政府的南海政策。49.36%的受访者认为"南海行为准则"对菲律宾有利，29.39%的受访者认为对双方均有利，21.26%的受访者认为对中国有利。南海行为准则在菲的认可度较高和被接受的可能性较大。

受访民众较为支持中国与菲律宾共同开发南海争议区的油气资源和其他资源。在1—10分的评分表中（1分代表完全反对，10分代表完全支持），受访民众评分的平均分是6.35分，属于基本支持共同开发争议区油气资源。若中国与菲律宾共同开发南海资源的项目，大部分受访民众认为菲律宾的收益占比应在50%以上；25.37%的受访者支持菲方占比应为50%，38.58%的受访者支持菲方占比应为60%—80%，24.63%的受访者支持菲方占比为80%—100%。

两国新签署的《南海油气联合开发谅解备忘录》（MOU）规定，这种合作既不影响两国对争议领土的主权，又不影响两国的正当主张。长期以来，中国一直在推动共同开发战略，以利用该地区的资源。因此，这项勘探协议意义重大，不仅因为它是同类协议中的首例，而且表明两国实质上达成战略谅解。撇开政治不谈，这项协议应该对菲律宾经济有利，从长远来看，可能有助于减少菲律宾的贸易逆差。但该协议的执行仍面临菲律宾国内的法律困境。根据谅解备忘录达成的任何最终协议有可能面临国内法律挑战，因为菲律宾宪法规定，自然资源的勘探将完全由菲律宾政府控制和监督。

（二）菲律宾国内政治的反复

2018年11月21日，习近平主席结束对菲律宾首都马尼拉为期两天的国事访问。在习主席访问期间，两位领导人就从双边文化合作到基础设施融资计划等29项协议达成一致。此次访问巩固了菲律宾现任总统罗德里戈·杜特尔特将外交政策转向更接近中国的倾向。在对菲律宾进行国事访问期间，双方还签署了一系列投资意向协议。此次国事访问和经济合作承诺，都凸显出杜特尔特自2016年上任以来深化与中国经济和外交关系的愿望。这是菲律宾外交政策的重大转变，尤其是与前任总统阿基诺三世的外交政策相比。与阿基诺相比，为了促进双边经济合作，杜特尔特政府选择在南海争端问题上采取更为温和的立场。

中菲关系当前发展势头良好，两国有着良好的互动，但菲律宾国内政治的发展变化可能会对中菲关系产生不良影响，这也是菲律宾国内政治的常态。短期来看，当前中菲之间达成的数项协议都面临着因菲律宾国内政治形势反复而受到影响的风险。在习近平主席访菲几天前，菲律宾国家电信委员会批准中国电信集团公司成立该国第三家电信公司。这家名为 Mislatel 的公司将由一个财团与达沃市大亨丹尼斯·尤伊（Dennis Uy）组成。然而，立法院的反对派成员批评该协议，称协议缺乏透明度，对该国基础设施有潜在安全影响。尤伊是菲总统的亲密盟友，也是杜特尔特 2016 年竞选活动的主要捐赠者，这引发外界对投标公正性的质疑。菲律宾国内还有媒体批评尤伊可能从与中国联合油气勘探的商业合同中获利。2018 年 10 月，尤伊收购了 PXP Energy 公司的股份。PXP Energy 是一家总部位于马尼拉的公司，在南海一个有争议的区域拥有石油和天然气勘探权。该公司已经在这些水域进行了地震勘测，很有可能成为中国海洋石油总公司（CNO-OC）在其联合勘探中的当地合作伙伴。

2019 年以来，由于高通胀，杜特尔特已经在努力应对公众对他的政府信心下降问题。中国政府很可能会努力加快其中一些项目的建设速度。通过履行这些协议，中国既可以帮助菲律宾平息民众对其在该地区日益增长的影响力的不满，又可以推动"双赢"合作模式。

本次调查显示，杜特尔特总统的内外政策均得到国内民众较高的认可，其执政基础较为牢固。2019 年 5 月举行的中期选举中，杜特尔特总统所属政党和执政联盟也取得大胜，这也印证了本次调查数据的可信度。照此趋势，若无特殊情况，2022 年大选，杜特尔特或其支持的获选人获胜的概率较大。对菲律宾现政府的内政和外交政策，在不影响我国利益的前提下，应予以支持和策应。本次调查显示，菲民众对中菲关系的重要性有充分的认识，基本赞同现政府的对华政策，发展对华关系具有较好的民意基础。在发展对菲经贸关系中，对于惠及菲民众的水果进口、菲佣、菲律宾英语教师、旅游等行业应进一步支持，避免中菲政治关系波动损害菲国内民众的利益，进而夯实菲对华友好的民意基础。

第 二 章

菲律宾中资企业调查技术报告

第一章对菲律宾政治、经济、对外关系的状况进行了初步的分析，使我们对菲律宾的情况有了基本了解。菲律宾是我国隔海相望的邻国，是"一带一路"沿线重要的国家，中菲关系的长期稳定发展与繁荣是我国周边外交的题中应有之义。促进中菲关系发展的基础是对菲律宾的真实情况有更好的了解，这也是我们进行项目调研的初衷。本章将对项目调研情况和结果进行初步说明。

第一节 调查方案

长期以来，我们对菲律宾的研究大多依赖官方统计数据和其他机构提供的二手数据，缺乏一手数据的收集和支撑。本书的重要创新之处在于通过可靠的手段获得了大量一手数据，弥补了当前菲律宾研究的不足。此外，当前国内对菲律宾的研究主要集中于相对宏观的菲律宾政治和外交的研究，研究对象以国家行为体为主，特别是集中于中菲外交关系，研究方法以传统的定性研究和文献研究为主。本书首次将研究对象聚焦于中菲关系中重要推动者和受力者之一的在菲中资企业，在研究方法上采用量化分析，通过设置多重变量和变量之间的交叉对比，使对研究对象中资企业的研究超越一般意义的描述和个案分析，呈现出更为客观、全面、深刻的图景。从学科视野来看，本书的变量和问题设置打破学科壁垒，以"一带一路"和中菲关系为背景，集成关于企业管理、企业社会责任、公共外交、国际关系、民族学、政治学等学科的议题，使本书的研究成果具有显著的跨学科特点。

一 调查对象的确定

本书的调查对象为在菲中资企业，具体而言，包括在菲中资企业的两大类主体：在菲中资企业主和在菲中资企业的菲律宾员工。

选取在菲中资企业主或高管作为调查对象，主要是为了了解在菲中资企业的运营状况和中资企业对菲营商环境的感知。显然，只有企业主或高管才能掌握企业设立、运营、管理及与当地政府和其他群体的交往过程，他们的直观感受是判断菲律宾营商环境最准确的依据。判断一国的营商环境，可以通过宏观政治、法律环境、税收、土地、财政、市场等因素来判断，这是当前绝大多数国际组织和评级机构采用的方法。另外一种更直接的方法则是直接从营商环境的主体即当地企业来获得数据。一国营商环境的好坏最终以是否能较好地服务企业发展来决定。因此，通过对企业调研来判断一国的营商环境是更直接、更准确的方法。

选取在菲中资企业菲律宾籍员工作为调查对象，主要是为了掌握当地人是如何看待中资企业本身的。中资企业走出去是一个漫长而昂贵的过程，其中重要原因之一是西方有意或无意地设置或创造出来的各类偏见、门槛和价值标准。伴随中资企业走出去的是各类甚嚣尘上的对中资企业的批评和论调："环境污染论""不守法律论""抢夺当地就业机会论""掠夺当地资源论""低端制造业论""封闭小圈子论"。很多批评的论调都是从所谓"当地人"的角度出发，站在道德制高点上替当地人发声，打抱不平，仿佛"当地人"面临智力缺陷而无法自主做出判断，西方部分"救世主"则路见不平一声吼，为其发声。其实，很多对中资企业的质疑固然有中资企业本身存在的各类问题，但很多问题是怀有对华敌意并抱有地缘对抗思维的西方人士利用其话语优势臆造和"拔高"出来的。对这一论调最好的反击是以事实为依据，以可靠的数据和科学的方法来反映当地人是如何看待中资企业的。由于经费和人员的限制，我们很难对菲律宾当地人做大范围的样本调查，所以选取在中资企业的菲律宾员工作为样本进行调查。这样的样本选取符合案例调查的科学性，选取极端的案例更能体现实际情况：在中资企业工作的菲律宾员工对中资企业的"善与恶"有着切身的感受，他们是菲律宾民众中对中资企业了解程度最深的人。

本次调研选取 36 家在菲中资企业和 750 名在这些企业工作的菲律宾员工。调研企业数量约占在菲中资企业的 30%（以在我国商务部备案的企业数为基数），调研企业覆盖制造业、餐饮服务业、通信行业、工程承包企业、航空、金融服务业等，具有较好的代表性。调研的菲律宾员工为 750 人，平均每个企业为 20.83 人。菲律宾员工中，既有在银行、航空公司等企业工作的"金领"和众多"白领"，也有在生产线和工地施工的蓝领工人；既有已经担任副总经理、行政总监等高级职位的菲律宾员工，也有刚刚入职的新员工。员工样本具有广泛的代表性。

二　调查内容的选取

本次调查包括两套不同的问卷，分别为企业问卷和员工问卷。企业问卷针对在菲中资企业主或中方高管，试图尽量详尽地了解在菲中资企业的情况和菲律宾的营商环境。员工问卷针对在菲中资企业的菲律宾员工。企业问卷部分包括 15 个板块共 135 个问题，15 个板块分别为：受访者信息、企业基本信息、企业生产与销售、企业融资结构、创新、企业固定资产、就业与培训、基础设施与公共服务、企业绩效、企业社会责任、海外投资风险与中国形象、企业公共外交、主管评价、人员结构、经营指标。员工问卷包括 7 个模块共 119 个问题，7 个模块分别是：基本信息、职业、收入和支出、交往与态度、企业社会责任、民心相通、国别模块。

三 调查方式

本次调查采用一对一访谈的电子问卷方式。为了获得最贴近实际情况的数据，问卷为三语问卷（中文、英语、他加禄语）。本次调查问卷全部采用电子问卷，将其事先导入平板电脑，由访员现场对访谈对象进行一对一访谈，并当场将数据录入平板电脑，避免数据失真。同时，为了更便利地沟通，调查还聘请一部分菲律宾当地学生作为访员，对菲律宾员工进行一对一访谈，最大限度地照顾访谈对象的舒适度，解决语言障碍问题。调查过程中，平板电脑采集的数据通过网络及时回传到后台服务器，防止因技术故障导致数据丢失。

四 数据分析和可视化

本书对通过问卷调查采集的数据利用数理统计的方法进行变量的交叉对比，最大限度地对关键信息进行识别。识别后的数据根据重要性进行可视化处理，以尽量直观的方式呈现调研结果。

第二节 企业样本和员工样本数据描述

一 企业样本数据描述

本次调研共对 36 家在菲律宾的中资企业进行访谈和问卷调查。按照调查方案，企业问卷主要了解企业的整体生产经营情况及与当地的互动，访谈和问卷调查对象为中资企业高管。在 36 家企业调研过程中，2.70% 的访谈对象是企业所有者，37.84% 的访谈对象是企业总经理或首席执行官（CEO），16.22% 的访谈对象是企业副总经理，43.24% 的访谈对象是其他职位人员（如人力资源总监、财务总监、行政总监等）。企业问卷的访谈对象都是在企业工作多年且掌握企业生产运营核心信息的人员（见表 2-1）。

表 2 - 1　　　　　　　　　受访者职务占比　　　　　　　　（单位:%）

受访者职务	比重
企业所有者	2.70
总经理或 CEO	37.84
副总经理	16.22
其他	43.24

在访谈和调研的 36 家企业中，56.76% 的企业是工业企业，43.24% 的企业从事的是服务业。工业和服务业企业数基本相当，较为平衡（见表 2 - 2）。

表 2 - 2　　　　　　　不同行业类型企业占比　　　　　　（单位:%）

行业类型	比重
工业	56.76
服务业	43.24

在访谈和调研的 36 家企业中，64.86% 的企业不在经济开发区，5.41% 的企业分布在经济开发区，29.73% 的企业分布在其他地区（见表 2 - 3）。从这些数据可以看出，当前绝大多数中资企业并不设立在经济开发区。经济开发区在菲律宾并不是普遍存在的形态，企业当前投资设厂的地域选择存在较大的差别。

表 2 - 3　　　　　　　是否在经开区企业占比　　　　　　（单位:%）

是否在经开区	比重
不在经开区	64.86
本国经开区	5.41
其他	29.73

在本次调研和访谈的 36 家企业中，32.43% 的企业为小型企业，29.73% 的企业为中型企业，37.84% 的企业为大型企业（见表 2 - 4）。

大、中、小型企业较为均衡，基本反映了当前在菲律宾的中资企业现状。不同规模的企业在菲律宾都有存在。

表2-4 　　　　　　　　　　　不同规模企业占比　　　　　　　　　（单位:%）

企业规模	比重
小型企业	32.43
中型企业	29.73
大型企业	37.84

在本次调研和访谈的 36 家企业中，86.49% 的企业加入中资企业商会，13.51% 的企业没有加入中资企业商会（见表2-5）。中资企业商会的加入比例较高，说明若商会能较好地运作，可以覆盖和影响到绝大多数的中资企业，也可以依托商会实现中资企业内部的协调。

表2-5 　　　　　　　企业是否加入菲律宾中国商会占比　　　　　（单位:%）

是否加入菲律宾中国商会	比重
是	86.49
否	13.51

在本次调研和访谈的 36 家企业中，11.11% 的企业有自身的工会，88.89% 的企业没有自身的工会（见表2-6）。大多数企业通过各种不同的方式，建立了与员工之间较为顺畅的沟通机制，多数觉得应尽量避免在企业中出现工会。

表2-6 　　　　　　　　　　企业是否有自身工会占比　　　　　　　（单位:%）

是否有自身工会	比重
是	11.11
否	88.89

在本次调研和访谈的 36 家企业中，56.76% 的企业是国有控股企业，43.24% 的企业为非国有控股企业（见表 2 - 7）。从在菲律宾的中资企业实际情况来看，非国有控股企业的数量应该超过国有企业的数量，但本次选取的企业样本是来自我国商务部境外投资企业名录中备案的企业。由于国有企业一般都会在企业名录中备案，而非国有企业则不一定备案，因此目录中的国有企业数量较多，导致样本企业中国有企业的数量也略多于非国有企业。

表 2 - 7　　　　　　　　　企业是否为国有控股占比　　　　　（单位：%）

是否为国有控股	比重
是	56.76
否	43.24

在本次调研和访谈的 36 家企业中，77.42% 的企业曾在商务部境外投资企业目录备案，22.58% 的企业没有备案（见表 2 - 8）。

表 2 - 8　　　　　　　　企业是否在中国商务部备案占比　　　　（单位：%）

是否在中国商务部备案	比重
是	77.42
否	22.58

在本次调研和访谈的 36 家企业中，94.59% 的在菲中资企业在中国有母公司，5.41% 的企业在中国没有母公司（见表 2 - 9）。这表明赴菲投资的中资企业大多数为中国企业在菲律宾的派出或派驻机构，受母公司管理，只有少数中资企业属于在菲律宾注册创立的新企业。

表 2 - 9　　　　　　　　　企业是否有中国母公司占比　　　　（单位：%）

有无中国母公司	比重
有	94.59
无	5.41

在本次调研和访谈的 36 家企业中，94.59% 的企业都有中国母公司。在这些中国母公司中，57.14% 的母公司是国有企业，私营企业、私营有限责任公司的中国母公司类型占比分别为 17.14%、8.57%，二者合计为 25.71%。从数据上看，大部分母公司的类型是国有企业，私营企业约为 1/4（见表 2-10）。

表 2-10　　　　　　　　企业中国母公司类型占比　　　　　　（单位:%）

中国母公司类型	比重
国有	57.14
股份合作	5.71
集体联营	2.86
国有与集体联营	2.86
股份有限公司	5.71
私营企业	17.14
私营有限责任公司	8.57

在本次调研和访谈的 36 家企业中，32.43% 的企业是在 2006—2010 年间在菲律宾注册的，21.63% 的企业是在 2011—2015 年间注册的，21.62% 的企业是在 2016 年以后注册的，2006 年以后注册的企业数占总数的 75.68%。不少企业在注册之前就已经在菲律宾运营开展业务，这在表 2-11 的统计中也有体现。本次访谈的企业中，在 2006—2010 年、2011—2015 年、2016 年以来三个时间段运营的企业分别占比为 22.22%、19.45%、22.22%，2006 年以后开始运营的企业占企业总数的 63.89%（见表 2-11）。总体而言，大多数中资企业是在 2006 年以后开始在菲律宾运营和注册的，这与中国企业"走出去"的总趋势是一致的。

表 2-11　　　　　　　　企业注册时间与运营时间分布　　　　（单位:%）

年份	注册时间	运营时间
1995 年以前	8.11	13.89
1996—2000	8.11	11.11

续表

年份	注册时间	运营时间
2001—2005	8.10	11.11
2006—2010	32.43	22.22
2011—2015	21.63	19.45
2016 年以来	21.62	22.22

在本次调研和访谈的 36 家企业中，45.95% 的企业中有女性高管，这表明约有一半的在菲中资企业有女性高管（见表 2-12）。

表 2-12 　　　　　　　　 **公司高层有无女性占比** 　　　　　　　（单位:%）

有无女性高管	比重
是	45.95
否	54.05

整体而言，本次访谈的企业中，国有企业在菲的中资企业相对占比较高，大多数公司是在 2006 年之后开始进入菲律宾运营和开始注册的。企业中，大中小型企业的占比较为均衡，大多数企业都加入了中资企业商会，且没有工会，工业企业和服务业企业各占约一半。从上述企业数据来看，本次选取的企业样本较为均衡，覆盖各种类型的企业，具有较好的代表性。

二　员工样本数据描述

本次调研过程中，共对 750 名在菲中资企业的菲律宾籍员工进行了问卷调查，本节将对这些员工的基本情况进行描述。需要说明的是，尽管总样本数是 750 人，但有些问题的总样本数（N）小于 750 人，这是因为部分员工拒绝回答某些问题。

（一）年龄分布

图 2-1 所示为按性别划分的员工年龄分布情况，在 16—25 岁之间的员工群体中，女员工的比例为 38.84%，几乎是男员工比例的两倍。但是，随着年龄的增大，男员工的比例开始超过女员工。在 26—35 岁

年龄段的员工群体中，男员工的比例达到 40.75%，女员工的比例为 36.36%。在 36 岁及以上的员工群体中，男员工的比例达到 39.37%，女员工的比例为 24.79%，男员工的比例远远超过女员工的比例。

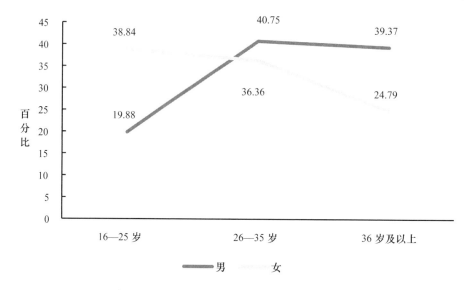

图 2 - 1 按性别划分的员工年龄分布（N = 750）

注：因数据保留到小数点后两位，按四舍五入的原则取值，各项指标相加可能会与 100% 略有差异。

综上所述，在各个年龄结构中，女员工比例会随着年龄的增长而减少，男员工的比例则是在 26—35 岁时达到最大。从整体上看，在 16—25 岁的员工中，女员工的比例要远远大于男员工，而在 36 岁及以上的员工中，男员工的比例要远远高于女员工。此外，在 26—35 岁的年龄层次中，男员工和女员工的比例差不多，都是四成左右。

在不同年龄段中，菲律宾员工晋升为管理人员的概率是不同的。在 16—25 岁这个年龄段，只有 1.55% 的员工是管理人员；在 26—35 岁的年龄段，管理人员的占比为 9.22%；在 36 岁及以上的年龄段中，管理人员的占比为 17.37%。各个年龄段平均而言，10.05% 的菲律宾员工为管理人员。这也基本符合工作时间越长，经验越丰富，越有较高的概率成为企业的管理人员（见图2－2）。

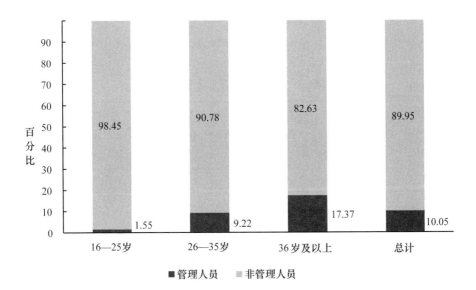

图 2 - 2　管理人员与非管理人员的年龄差异（N = 746）

在不同的年龄段，员工在本企业的在职时间也存在明显的差异。对于16—25岁年龄段的员工而言，47.18%的员工在该企业的时间为一年，28.72%的员工不足一年；对于26—35岁年龄段的员工而言，32.54%的员工在该企业工作的时间为一年，已经有不少员工在该企业工作一年以上；对于36岁及以上年龄段的员工而言，已经有24.62%的员工在同一企业工作时间在6年以上。这基本表明年龄较长的员工，其流动的倾向性更低一些（见表2－13）。

表 2 - 13　　　　　在当前企业工作时长不同的员工的年龄差异　　　　　（单位：%）

	不足一年	一年	两年	三年	四年	五年	六年	六年以上
16—25 岁	28.72	47.18	13.33	5.13	2.56	2.05	0.00	1.03
26—35 岁	14.92	32.54	14.24	10.17	6.10	6.10	6.10	9.83
36 岁及以上	13.85	24.62	13.08	7.31	4.23	8.46	3.85	24.62
总计	18.13	33.60	13.60	7.87	4.53	5.87	3.73	12.67

N = 750。

从调查数据来看（见表 2 - 14），不同性别的员工，其流动性方面没有太大的差异。不同工作年限的男女性别略有差异，但并不明显。

表 2 - 14　　　　在当前企业工作时长不同的员工的性别差异　　（单位：%）

	不足一年	一年	两年	三年	四年	五年	六年	六年以上
男	16.93	36.42	12.60	6.69	4.53	6.69	3.54	12.60
女	20.66	27.69	15.70	10.33	4.55	4.13	4.13	12.81
总计	18.13	33.60	13.60	7.87	4.53	5.87	3.73	12.67

$N = 750$。

（二）受教育程度

图 2 - 3 所示的是按性别划分的员工受教育程度分布，可以发现，男性员工与女性员工的受教育程度存在明显的差异。在具备中学学历的员工中，男员工的比例（58.27%）远远高于女员工（10.74%），而在具有本科及以上学历的员工中，女员工的比例（88.43%）是男

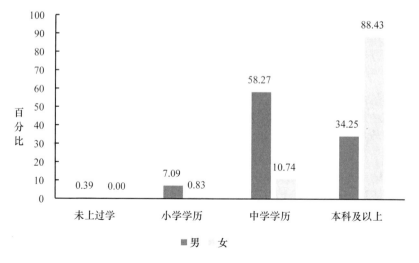

图 2 - 3　按性别划分的员工受教育程度分布（$N = 750$）

员工比例（34.25%）的两倍多。在小学学历的员工中，男员工的比例为7.09%，而女员工仅有0.83%。甚至还有0.39%的男员工从未受过教育。

总体上看，男员工的受教育程度主要集中在中学学历，女员工的受教育程度主要是本科及以上学历。所以，依据统计情况来看，女员工受教育水平要高于男员工。

将750个员工分为三个年龄段，可以看出不同年龄段员工的受教育程度。在16—25岁年龄段的员工群体中，本科及以上学历的员工最多，占62.56%；在26—35岁年龄段的员工群体中，本科及以上学历的员工占比48.14%，比年轻员工群体的比例低约15%；36岁及以上年龄段员工的同一情况占比同较年轻的员工相近，为47.69%。具有中学学历的员工中，16—25岁的员工占比为35.38%，26—35岁和36岁及以上的员工均占了四成以上。在具有小学学历的员工中，1.54%的员工年龄在16—25岁之间，年龄在26—35岁之间的员工占4.75%，36岁及以上的员工比例为8.08%。有极少数员工未受过教育，16—25岁和26—35岁两个年龄段的比例分别为0.51%与0.34%，36岁及以上的员工都受过教育（见表2-15）。

表2-15　　　　　按年龄组划分的员工受教育程度分布　　　　　（单位:%）

最高学历	16—25岁	26—35岁	36岁及以上
未受过教育	0.51	0.34	0.00
小学学历	1.54	4.75	8.08
中学学历	35.38	46.78	44.23
本科及以上	62.56	48.14	47.69

$N = 750$。

由此可知，从整体来看，员工的学历以本科及以上为主，年龄结构与学历呈负相关关系。也就是说，年龄越大的员工群体中，本科及以上学历的占比越少。除此之外，员工中具有中学学历的比例也比较多，尤其是26岁及以上的员工，有四成以上是中学学历，略低于本科及以上学历的比例。

（三）族群分布

图2-4所示的是按性别划分的员工族群分布。在748名员工中，来自他加禄族的男女员工比例均超过七成，其中，他加禄族的男员工比例为75.98%，女员工比例是74.17%。来自宿雾族的男员工所占的比例最低，仅有0.79%，同一族群的女员工占比（4.17%）高于男员工。来自伊洛戈族和比科尔人的女员工比例最低，均为2.92%，来自伊洛戈族和比科尔人的男员工比例分别为5.71%和2.76%。来自米沙鄢族的男、女员工比例分别为5.71%、7.92%。同时，还有9.06%的男员工和7.92%的女员工属于其他族群。

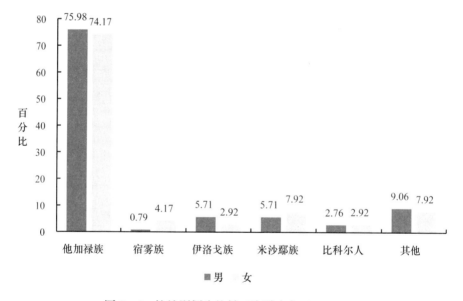

图2-4　按性别划分的员工族群分布（N=748）

由此看出，受访的绝大多数员工来自他加禄族，来自其他各族的员工比例均不到一成，不同族群的员工比例有区别。具体来说，他加禄族、伊洛戈族和其他族的男员工占比略高于女员工，宿雾族、米沙鄢族及比科尔人的女员工比例超过男员工。

不同年龄段的受访者，其族群差异并不明显。从调研数据（见表2-16）可以看出，在各个年龄段（16—25岁、26—35岁、36岁及以上），他加禄族员工的占比都在70%以上，这也基本符合他加禄族在菲律宾属于主体民族的情况。

表2-16　　　　　　　　　按年龄段分布的受访者族群差异　　　　　　（单位:%）

	16—25 岁	26—35 岁	36 岁及以上	总计
他加禄族	75.90	76.27	74.03	75.40
宿雾族	3.59	1.02	1.55	1.87
伊洛戈族	5.13	4.41	5.04	4.81
米沙鄢族	6.67	6.10	6.59	6.42
比科尔人	2.05	3.39	2.71	2.81
其他	6.67	8.81	10.08	8.69

$N = 748$。

注：百分比按四舍五入保留到小数点后两位，各数值总和可能略高于或略低于100%。

（四）宗教信仰

在对750名员工进行的宗教信仰调查中，无论是男员工还是女员工，几乎所有的人都信仰宗教，只有0.20%的男员工不信仰任何宗教。其中，八成以上的员工信仰天主教，信仰天主教的男员工比例为87.20%，比女员工多出4.14%。还有一成以上（11.16%）的女员工信仰基督教，信仰基督教的男员工比例低于女员工，为7.09%。信仰伊斯兰教和佛教的男员工与女员工的比例都不足1%，其中，0.98%的男员工信仰伊斯兰教，没有女员工信仰伊斯兰教。信仰佛教的男员工和女员工比例分别为0.20%和0.41%。信仰其他宗教的员工中，男员工占比为4.33%，女员工的比例为5.37%（见表2-17）。

表 2 – 17   按性别划分的员工宗教信仰分布   （单位:%）

宗教信仰	男	女
天主教	87.20	83.06
基督教	7.09	11.16
伊斯兰教	0.98	0.00
佛教	0.20	0.41
其他	4.33	5.37
不信仰任何宗教	0.20	0.00
合计	100.00	100.00

$N = 750$。

综上所述，绝大多数受访员工信仰天主教，信仰天主教的男员工比例多于女员工，而信仰基督教、佛教和其他宗教的女员工比例高于男员工。

（五）婚姻状况

图 2 – 5 显示的是按性别划分的员工婚姻情况。在 748 个有效样本中，单身/未婚的员工比例高于结婚的员工比例，单身/未婚的比例为 54.01%，结婚的比例为 39.71%，其他（同居、丧偶、结婚但分

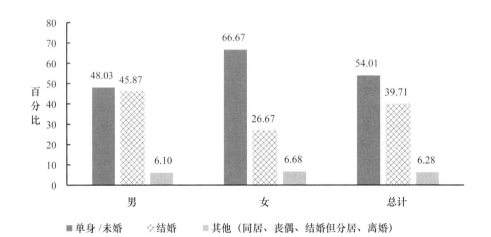

图 2 – 5 按性别划分的员工婚姻状况分布（$N = 748$）

居、离婚）的比例为 6.28%。具体来说，在单身/未婚的员工中，女员工和男员工的比例分别为 66.67% 和 48.03%，可以看出，单身/未婚的女员工占六成以上，单身/未婚的男员工比例比女员工低了近两成。在其他状况中，男员工的比例为 6.10%，女员工的比例为 6.68%。

由此可见，结婚的男员工比例要多于女员工，女员工单身/未婚的比例超过男员工，至于其他情况，男员工和女员工的占比都在 6% 以上。

（六）城乡来源

如图 2-6 所示，将 747 名员工按性别划分出生地，可以看到，在男员工中，超过半数（56.80%）的员工来自农村，比来自城市的员工比例高出一成多。在女员工中，同样也是有超过半数（53.33%）的员工来自农村。但是来自农村的女员工比例比来自城市的女员工比例高出不足一成。

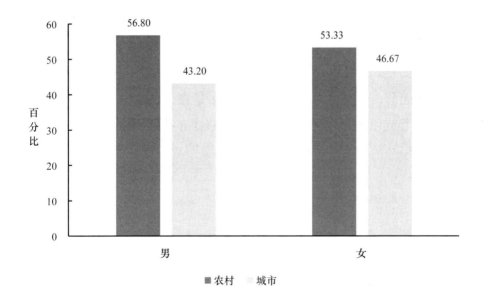

图 2-6 按性别划分的员工出生地分布（$N = 747$）

　　因此，总体来看，无论是男员工还是女员工，都有超过半数的员工来自农村。但是具体来看，在男员工中，来自农村与来自城市的员工比例差距较大，而女员工的两种比例相差不大。

　　表 2 - 18 显示了按年龄组划分的员工出生地分布情况。在所有出生地为农村的员工中，36 岁及以上年龄段的员工比例最高，为59.46%，比来自城市的员工（40.54%）比例高出近两成。在 26—35 岁年龄段的员工群体中，来自农村的员工比例最低，但也超过五成，占比52.90%，比来自城市的员工占比高出 5% 左右。在 16—25 岁年龄段的员工群体中，出生地是农村的员工比例是54.87%，出生地是城市的比例为45.13%，由此可见，来自农村的员工比例比城市高出近一成。

表 2 - 18　　　　　　　按年龄组划分的员工出生地分布情况　　　　　（单位：%）

出生地	16—25 岁	26—35 岁	36 岁及以上
农村	54.87	52.90	59.46
城市	45.13	47.10	40.54

$N = 747$。

　　总体而言，在各个年龄结构中，都是来自农村的员工相对比较多，占了五成以上。特别是在 36 岁及以上的员工中，来自农村的员工占比将近六成，而在 26 岁到 35 岁之间的员工中，城市员工相对要多一些。

小　结

　　根据本次对中资企业菲律宾籍员工的调查，可得出几点初步结论：第一，随着年龄的增长，女员工数量会减少，男员工的数量逐渐超过女员工；第二，女员工高学历比例要高于男员工，员工的学历以本科及以上为主，员工受教育程度普遍较高，年龄结构与学历呈负相关关系，也就是说，年龄越大的员工群体中，本科及以上学历的占比越少；第三，员工绝大多数来自他加禄族，信仰天主教；第四，有一半以上员工未婚/单身；第五，来自农村的员工超过五成，36 岁及以上的员工约占六成。

第 三 章

菲律宾中资企业的生产经营状况

第一节　菲律宾中资企业基本情况分析

本次共调研菲律宾中资企业 36 家，约占在菲投资并在我国商务部备案企业数的 40%，分布在大马尼拉地区和周边的三个省份。现将这些企业的基本情况分析如下。

调查数据显示（见图 3-1），随着年份的推移，菲律宾中资注册企业数量总体呈上升趋势。中资企业注册时间在 2006—2010 年间的企业最多，占比为 32.43%，同期开始在菲律宾运营的企业占比也最高，为 22.22%；注册时间在 2011—2015 年间的企业占比 21.63%，同期开始运营的企业占比为 19.45%；注册时间在 1995 年以前、1995—2000 年、2001—2005 年的占比相同，均为 8.10%，同期运营的企业分别占比 13.9%、11.12%、11.12%；注册时间在 2016 年之后的企业占比 21.62%，2016 年以后开始运营的企业占比 22.22%。这表明，超过 50% 的中资企业是在 2006 年之后开始进入菲律宾市场，从原来的未涉足这一市场或以贸易方式进入这一市场的方式改为在菲律宾直接投资，这基本符合我国企业"走出去"的总体趋势。即大致从 2006 年开始，在"走出去"和"一带一路"倡议引领下，大量企业开始自觉或被迫地从以贸易为主向以投资为主过渡，预计随着我国贸易环境的变化和中美贸易摩擦的长期化，会有更多的企业赴菲律宾直接投资。

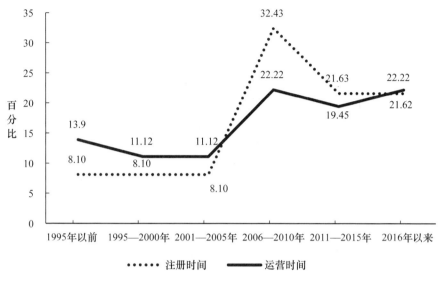

图3-1　企业注册与运营时间年份分布

　　调查数据显示（见图3-2），菲律宾中资企业中，中国国有控股企业占比最高（55.00%），其次是中国私人控股（25.81%），再次是菲律宾私人控股（10.65%）；中国集体控股占比4.30%，外国私人控股占比4.22%。这一现象是否具有普遍性值得进一步讨论。囿于调研条件所限，我们选取的调研企业皆为在我国商务部备案的境外投资企业。一般而言，国有企业赴境外投资有着严格的审批程序，都需要在商务部备案，这也导致备案企业名单中国企占的份额较高，民营企业特别是中小民营企业为了经营的便利不一定在商务部备案，还有部分企业为了便利以第三方（如中国香港、新加坡、维京群岛）等身份投资。这可能导致被调查企业以国企为主，民企占比约为1/4,中资民企在菲律宾的实际占比应该高于这一数值。

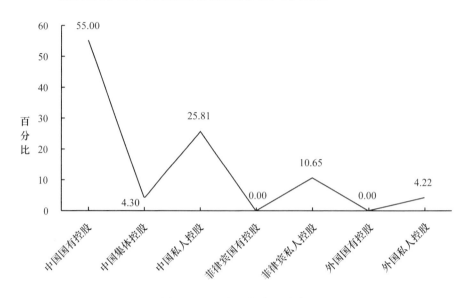

图 3 - 2　企业股权占比分布

在有中国母公司的菲律宾中资企业中（见表 3 - 1），约九成（88.24%）是中国股东一直控股的企业，与之相反，菲律宾股东一直不控股的占比 74.29%，一直控股的仅占 11.43%。其他国家股东以前不控股的占 82.86%，一直不控股的占 17.14%。在没有中国母公司的企业中，中国股东一直控股占 100.00%，菲律宾股东一直不控股占比 100.00%，其他国家股东以前不控股占比 100.00%。可以看出，有中国母公司的企业，中国股东股权占绝大多数，少数股权由菲律宾股东掌控；没有中国母公司的企业，全权由中国股东控股。

表 3 - 1　　　　　　　　　企业母公司的股权变化状况　　　　　　　　　（单位：%）

	中国股东股权变化		菲律宾股东股权变化			其他国家股东股权变化	
	一直控股	一直不控	一直控股	一直不控	以前不控	以前不控	一直不控
有中国母公司	88.24	11.76	11.43	74.29	14.29	82.86	17.14
无中国母公司	100.00	0.00	0.00	100.00	0.00	100.00	0.00

注：百分比按四舍五入保留到小数点后两位，各数值总和可能略高或略低于 100%。

此次调查中（见图 3 - 3），菲律宾中资企业母公司类型最多的是国有企业，占 60.61%。其次为私营企业占 18.18%。私营有限责任公司为 9.09%。股份合作公司占 6.06%。国有与集体联营和集体联营公司占比最少，都为 3.03%。

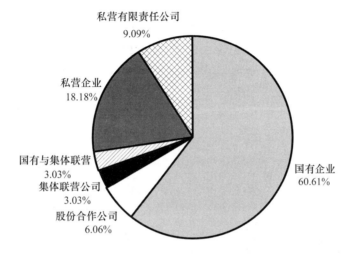

图 3 - 3　企业母公司类型百分比分布

此次调查显示（见表 3 - 2），不在经开区的菲律宾中资企业，其母公司中，国有企业占比最高为 54.55%，其次是私营企业占比 18.18%，私营有限公司和股份有限公司分别占比 9.09%，股份合作和国有联营企业占比最少。在经开区的菲律宾中资企业，其母公司有一半是股份合作企业，一半是私营有限公司。其他类型的菲律宾中资

表 3 - 2			是否在经开区企业母公司类型交互			（单位:%）
	国有	股份合作	国有联营	私营企业	私营有限	股份有限	集体联营
不在经开区	54.55	4.55	4.55	18.18	9.09	9.09	0.00
菲律宾经开区	0.00	50.00	0.00	0.00	50.00	0.00	0.00
其他	72.73	0.00	0.00	18.18	0.00	0.00	9.09

企业，大多数（72.73%）企业的母公司是国有企业，私营企业占比18.18%，集体联营占比9.09%。

企业在中国商务部备案年份分布显示（见图3-4），2011—2015年以及2016年以来的企业占比最多，均达23.07%；其次是1995年以前、1995—2000年及2006—2010年占比都为15.38%；最后，2001—2005年在中国商务部备案的企业最少，仅为7.69%。企业备案数量在2011年以后出现较大的增加，2016年中菲关系转圜后，也有较大的增加。显然，中菲关系的整体发展态势依然是中资企业赴菲投资的重要考量因素。

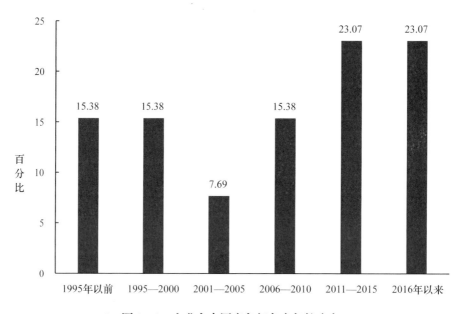

图3-4 企业在中国商务部备案年份分布

第二节 菲律宾中资企业生产经营状况

一 企业生产状况

此次调查中（见图3-5），菲律宾中资企业每周平均营业41—50

个小时和30—40个小时最多，分别占比为44.46%和44.45%。两者相加占到被调查企业总数的88.91%，这表明在菲律宾相对较严格的劳工法律下，大部分中资企业遵守当地的劳工法，而且绝大多数企业都表示菲律宾员工加班是必须支付加班工资的。每周平均营业时间70个小时以上的占8.34%，这可能主要体现在餐饮等一些特定的行业，51—60个小时的占比2.78%。

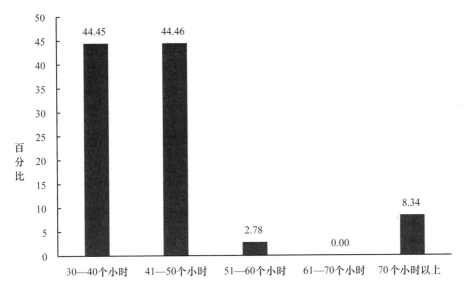

图3-5 企业每周平均营业时间分布（单位：小时）

此次调查中（见表3-3），菲律宾中资企业的产品销往菲律宾国内是最多的。按注册时间长短来分类，注册超过5年的公司，销往菲律宾国内的产品达到80%，4%的产品销往本地，两者合计为84%，仅12%的产品销往国际，4%的产品销往中国。注册不超过5年的公司，销往菲律宾国内达75%，在本地的销售量为25%，即100%的产品都在菲律宾本土市场销售。这说明，目前在菲律宾投资的中资企业中，绝大多数产品销往菲律宾本土市场，投资的初衷可能也主要是占领菲律宾本地的市场，而非销往海外市场。

表 3 - 3 企业产品的主要销售市场状况 （单位：%）

	本地	菲律宾国内	中国	国际
注册超过五年	4.00	80.00	4.00	12.00
注册低于五年	25.00	75.00	0.00	0.00
不在经开区	12.50	83.33	4.17	0.00
菲律宾经开区	0.00	50.00	0.00	50.00
其他	9.09	72.73	0.00	18.18
商务部境外投资备案	0.00	87.50	0.00	12.50
未在商务部境外投资备案	28.57	71.43	0.00	0.00
加入菲律宾的中国商会	9.38	81.25	0.00	9.38
未加入菲律宾的中国商会	20.00	60.00	20.00	0.00

注：本表中的"本地"指受访中资企业所在地。

按是否在经开区分类，不在经开区的企业，绝大多数产品（83.33%）销往菲律宾国内，本地的销售份额为 12.50%，中国的销售份额占 4.17%。在菲律宾经开区的企业，一半产品销往菲律宾国内，一半产品销往国际，这表明在经济开发区设厂的部分企业已经开始将菲律宾作为出口加工基地，50.00% 的产品销往国际市场。其他企业销往菲律宾国内最多，达 72.73%，国际为 18.18%，本地为 9.09%。

按是否在商务部备案分类，在商务部境外投资备案的企业，在菲律宾国内销量最多，达 87.50%，国际份额占 12.50%。未在商务部境内投资备案的企业，销量最高的是在菲律宾国内达 71.43%，本地占 28.57%。

按是否加入中国商会分类，加入菲律宾的中国商会的企业，在菲律宾国内的销量占比为 81.25%，本地及国际的销售份额分别是 9.38%。未加入菲律宾的中国商会，企业销量最多的是在菲律宾国内达 60.00%，其次是本地和中国的销售份额占比均为 20.00%。

此次调查中（见表 3 - 4），在本地，企业主营产品的市场份额占比主要集中在小于 1%、11%—20%、21%—30% 之间。市场份额在 11%—20% 之间的企业占了一半，小于 1% 和在 21%—30% 之间的各占 1/4。这表明，中资企业在菲律宾企业所在地的本地市场上已经占领相当的市场份额，大部分企业在当地的市场份额已经在 10% 以上，基本站稳脚跟。在菲律宾国内市场上，中资企业主营产品的市场份额占比小于1%的企业最多，为40.00%，其次是占比达1%—10%的企业，为36.00%，占比在11%—20%与31%—50%之间的为8.00%，在21%—30%及71%—100%之间的占4.00%，这表明中资企业在菲律宾全国的市场份额整体而言并不高，76.00%的企业市场份额低于10%，大多数中资企业在菲律宾全国市场上还处于市场开拓和提升阶段。在国际市场上，中资企业主营产品市场份额在小于1%和1%—10%以及71%—100%的各占33.33%。

表3－4　　　　　　　　　企业主营产品的市场份额分布　　　　　（单位:%）

	小于1%	1%—10%	11%—20%	21%—30%	31%—50%	51%—70%	71%—100%
本地	25.00	0.00	50.00	25.00	0.00	0.00	0.00
菲律宾国内	40.00	36.00	8.00	4.00	8.00	0.00	4.00
国际	33.33	33.33	0.00	0.00	0.00	0.00	33.33

调查显示（见表3－5），若根据注册时长对企业进行分类，市场定价是中资企业主要的定价方式。注册超过五年的公司中，每一项定价方式都占有一定份额，根据市场定价占比最高，达41.67%，买方议价和其他方式定价分别占16.67%，成本加成定价占12.50%，根据政府定价的占8.33%，根据进口定价的最低，占4.17%。注册时间低于五年的企业，根据市场定价的企业占83.33%，根据成本加成定价的企业占16.67%。

表3－5　　　　　　　　　企业在菲律宾的定价方式分布　　　　　（单位:%）

	市场定价	成本加成	根据进口	政府定价	买方议价	其他方式
注册超过五年	41.67	12.50	4.17	8.33	16.67	16.67
注册低于五年	83.33	16.67	0.00	0.00	0.00	0.00
不在经开区	56.52	21.74	0.00	0.00	13.04	8.70
菲律宾经开区	50.00	0.00	0.00	0.00	50.00	0.00
其他	54.55	0.00	9.09	18.18	0.00	18.18

续表

	市场定价	成本加成	根据进口	政府定价	买方议价	其他方式
商务部境外投资备案	54.17	8.33	4.17	8.33	12.50	12.50
未在商务部境外投资备案	57.14	14.29	0.00	0.00	14.29	14.29
加入菲律宾的中国商会	53.13	15.63	3.13	6.25	12.50	9.38
未加入菲律宾的中国商会	75.00	0.00	0.00	0.00	0.00	25.00

注：百分比按四舍五入保留到小数点后两位，各数值总和可能略高或略低于100%。

　　按是否处于经开区分类，其中不在经开区的企业，以市场定价方式的最多，占56.52%，成本加成定价占21.74%，按买方议价定价的方式占13.04%，其他方式定价占8.70%。在菲律宾经开区的企业，定价方式为市场定价与买方议价各占一半。处于其他区域的企业，以市场定价的占54.55%，政府定价和其他方式定价的占18.18%，根据进口定价的占9.09%。

　　按是否在商务部境外投资备案分类，其中，有商务部境外投资备案的企业，定价方式以市场定价为主，占54.17%。买方议价和其他方式的各占12.50%，政府定价占8.33%，根据进口定价占4.17%；未在商务部境外投资备案的企业，市场定价占比最高，达57.14%，其次成本加成和买方议价以及其他方式定价各占14.29%。

　　按是否加入菲律宾中国商会分类，加入菲律宾中国商会的企业，也以市场定价为主，占53.13%，以成本加成定价的占15.63%，买方议价定价占12.50%，按其他方式定价占9.38%，根据进口定价占3.13%。未加入菲律宾中国商会的企业，定价方式较单一，市场定价占75.00%，其他方式定价占25.00%。

　　本次调查显示（见表3-6），企业产品出口类型分布较单一，注册超过五年的企业，一半为原始设备制造商，一半为其他类型。注册时间低于五年的企业，全部是其他类型。不在经开区的企业，产品出口全部是其他类型；在菲律宾经开区的企业，产品出口全是原始设备制造商。在商务部境外投资备案的企业，产品出口全是原始设备制造商类型；未在商务部境外投资备案的企业，产品出口全部是其他类型。加入菲律宾的中国商会的企业，一半为原始设备制造商，一半为其他类型；未加入菲律宾的中国商会的企业，全部是其他类型。

表3-6　　　　　　　　　　企业产品出口类型分布　　　　　　　　（单位：%）

	原始设备制造商	原始设计制造商	原始品牌制造商	其他
注册超过五年	50.00	0.00	0.00	50.00
注册低于五年	0.00	0.00	0.00	100.00
不在经开区	0.00	0.00	0.00	100.00
菲律宾经开区	100.00	0.00	0.00	0.00
商务部境外投资备案	100.00	0.00	0.00	0.00
未在商务部境外投资备案	0.00	0.00	0.00	100.00
加入菲律宾的中国商会	50.00	0.00	0.00	50.00
未加入菲律宾的中国商会	0.00	0.00	0.00	100.00

在本次调查中（见表3-7），不论是工业还是服务业，竞争压力的主要来源都是外资同行（含中资）。对服务业企业来说，来自外资同行的压力高达84.62%，而菲律宾同行所带来的压力仅占15.38%。对工业企业来说，来自外资同行的压力占68.42%，来自菲律宾同行的压力占31.58%。工业企业来自菲律宾同行的竞争压力要大于服务业；服务业来自外资同行的压力要大于工业。这表明，在当前菲律宾市场中，对中资企业形成较大压力的主要是来自日本、韩国、美国、中国等其他国家的企业，菲律宾本土企业对中资企业并未造成太大的压力。

表3-7　　　　　　不同行业类别竞争压力的主要来源　　　　　　（单位：%）

	菲律宾同行	外资同行
工业	31.58	68.42
服务业	15.38	84.62

本次调查显示（见表3-8），2013年之后，各企业感到竞争变得更激烈。按行业分类，工业企业中，九成企业觉得竞争更激烈，

约一半（53.33%）的服务业企业觉得竞争更激烈。工业企业感觉到的竞争压力大于服务业，而服务业中觉得经营状况变得更好的企业（33.33%）要高于工业（5.00%）。这表明在菲律宾市场中，中资服务业企业的市场环境相对较优，发展空间较大。

表3-8　　　　　　近五年来企业竞争状况变化情况　　　　（单位:%）

	更好经营	没有变化	竞争更激烈
工业	5.00	5.00	90.00
服务业	33.33	13.33	53.33
商务部境外投资备案	13.64	4.55	81.82
未在商务部境外投资备案	28.57	14.29	57.14
加入菲律宾的中国商会	16.67	3.33	80.00
未加入菲律宾的中国商会	20.00	40.00	40.00

按是否在商务部境外投资备案分类，在商务部境外投资备案的企业中，觉得竞争更激烈的占81.82%；未在商务部境外投资备案的企业，有57.14%认为竞争更为激烈，28.57%的企业认为经营状况更好，14.29%的企业认为经营状况没有发生变化。在商务部境外投资备案的企业认为竞争状况变得激烈的企业占比要明显大于未在商务部境外投资备案的企业。

按是否加入菲律宾的中国商会分类，加入菲律宾的中国商会中，80.00%的企业认为竞争更激烈，16.67%的企业认为经营状况更好，3.33%的企业认为经营状况没有发生变化。未加入菲律宾的中国商会中，40.00%的企业认为竞争更为激烈，40.00%企业认为没有变化，20.00%的企业认为经营环境变好。加入菲律宾的中国商会的企业竞争状况激烈程度，是未加入菲律宾的中国商会企业的一倍。

本次调查显示（见表3-9），工业企业中，近一半企业（47.62%）认为竞争方式变化中价格竞争更为激烈，认为质量竞争更激烈的约占三成（28.57%）；服务业企业中，四成企业认为竞争方式变化中价格竞争更为激烈，认为质量竞争更激烈的占33.33%。

工业企业对价格竞争的敏感程度大于服务业，而服务业对质量竞争的变化比工业更敏感。工业企业并未投入广告，服务业认为广告战更为激烈的占 6.67%。

表 3-9　　　　　　　　近五年来企业竞争方式变化情况　　　　　　（单位:%）

	没有变	价格竞争更激烈	质量竞争更激烈	广告战更激烈	其他
工业	9.52	47.62	28.57	0.00	14.29
服务业	6.67	40.00	33.33	6.67	13.33
商务部境外投资备案	12.50	41.67	33.33	0.00	12.50
未在商务部境外投资备案	0.00	42.86	28.57	14.29	14.29
加入菲律宾的中国商会	9.38	46.88	28.13	0.00	15.63
未加入菲律宾的中国商会	0.00	25.00	50.00	25.00	0.00

在商务部境外投资备案的企业中，41.67% 的企业认为价格竞争更为激烈，33.33% 的企业认为质量竞争更加激烈，12.50% 的人认为没有变。未在商务部境外投资备案的企业中，42.86% 的企业认为价格竞争更为激烈，28.57% 的人认为质量竞争更为激烈，14.29% 的人认为广告战更为激烈。在商务部境外投资备案的企业与未在商务部境外投资备案的企业各项差异不明显。

加入菲律宾的中国商会的企业中，46.88% 的企业认为价格竞争更为激烈，28.13% 的企业认为质量竞争更为激烈，15.63% 的人认为是其他方面导致的，9.38% 的人认为没有变化。未加入菲律宾的中国商会的企业中，50.00% 的企业认为质量竞争更为激烈，而认为价格和广告战更加激烈的企业各占 25.00%。加入菲律宾的中国商会的企业中，认为价格竞争更为激烈的占多数，而未加入菲律宾的中国商会的企业中，认为质量竞争更为激烈的占多数。

调查显示（见表 3-10），服务业的中资企业中，33.00% 的企业在产品生产方面拥有完全的自主决定权，说明在服务业，多数在菲中资企业是完全自主的或自主决策程度较高，且在各个自主程度区间都有分布。在工业企业的产品生产方面，自主程度为 0—19% 及 90%—

99% 之间的占比最大，都是 19.05%，而服务业没有企业自主程度为 40%—49% 与 60%—69% 之间的，说明工业企业的自主程度分布较服务业来说比较分散，在产品生产方面自主决策程度相对较低。

表 3 - 10　　　　　　不同行业类型的企业自主程度　　　　　（单位：%）

	行业类型	0—19%	20%—39%	40%—49%	50%—59%	60%—69%	70%—79%	80%—89%	90%—99%	100%
产品生产	工业	19.05	4.76	4.76	14.29	9.52	4.76	9.52	19.05	14.29
	服务业	13.33	6.67	0.00	13.33	0.00	6.67	13.33	13.33	33.33
产品销售	工业	10.00	10.00	0.00	10.00	10.00	10.00	15.00	15.00	20.00
	服务业	6.67	6.67	6.67	0.00	0.00	13.33	13.33	20.00	33.33
技术开发	工业	33.33	9.52	4.76	9.52	9.52	4.76	9.52	9.52	9.52
	服务业	40.00	26.67	6.67	0.00	0.00	0.00	0.00	0.00	26.67
新增投资	工业	57.14	4.76	4.76	14.29	9.52	4.76	0.00	0.00	4.76
	服务业	46.67	6.67	0.00	6.67	6.67	6.67	0.00	0.00	26.67
员工雇佣	工业	4.76	0.00	0.00	9.52	4.76	4.76	19.05	14.29	42.86
	服务业	0.00	0.00	0.00	6.67	6.67	6.67	6.67	13.33	60.00

在产品销售方面，工业企业的自主程度较为平均，最大值出现在完全自主程度，为 20.00%，最小值出现在自主程度为 40%—49% 之间，其余自主程度区间呈现平均化的趋势。服务业的完全自主程度为 33.33%，说明在菲中资企业从事服务业的企业在产品销售方面的自主程度大于工业。

在技术开发方面，工业企业在各个自主程度上都有分布，多数企业分布在自主程度为 0—19% 的区间，说明工业企业在技术开发方面自主程度不够。服务业企业分布较为集中，集中在 0—49% 之间，也说明服务业企业自主程度不够。但服务业完全自主的企业达 26.67%，高于工业企业的 9.52%，这说明服务业在技术开发上拥有完全自主权的企业多于工业企业。

新增投资方面，近六成（57.14%）工业企业缺乏自主程度，近五成（46.67%）服务业企业缺乏自主程度。各行业企业自主程度都不高，更多地需要由中国的母公司决定。

　　员工雇佣方面，工业企业完全自主程度达 42.86%，服务业企业达 60.00%，且服务业在员工雇佣方面的自主程度不低于 50%。这说明，相较于工业，服务业的员工雇佣更为自主，无须更多地受国内母公司的影响。

　　本次调查显示（见表 3 – 11），产品生产方面，在商务部备案的企业缺乏自主性的占 16.67%，比不在商务部备案的企业占比（14.29%）高；完全自主的企业，不在商务部备案的占 42.86%，在商务部备案的占 20.80%。

表 3 – 11　　　　　　　商务部备案与否和企业自主程度关系　　　　（单位:%）

		0—19%	20%—39%	40%—49%	50%—59%	60%—69%	70%—79%	80%—89%	90%—99%	100%
产品生产	是	16.67	4.17	4.17	20.83	0.00	4.17	8.33	20.83	20.83
	否	14.29	14.29	0.00	0.00	0.00	14.29	0.00	14.29	42.86
产品销售	是	8.70	8.70	4.35	8.70	0.00	8.70	13.04	21.74	26.09
	否	0.00	14.29	0.00	0.00	0.00	14.29	14.29	14.29	42.86
技术开发	是	37.50	20.83	8.33	8.33	4.17	4.17	4.17	4.17	8.33
	否	14.29	14.29	0.00	0.00	0.00	0.00	0.00	14.29	57.14
新增投资	是	58.33	8.33	0.00	16.67	4.17	8.33	0.00	0.00	4.17
	否	28.57	0.00	0.00	0.00	14.29	0.00	0.00	0.00	57.14
员工雇佣	是	0.00	0.00	0.00	8.33	8.33	8.33	20.83	12.50	41.67
	否	0.00	0.00	0.00	0.00	0.00	0.00	0.00	14.29	85.71

　　产品销售方面，在商务部备案的企业，自主性在 0—19% 之间的占 8.70%；未在商务部备案的企业，没有自主性在 0—19% 的企业。在商务部备案的企业，完全自主决策的企业仅有 26.09%，未在商务部备案的企业，完全自主的占 42.86%。

　　技术开发方面，在商务部备案的企业，自主程度在 0—19% 之间的占 37.50%，而未在商务部备案的企业，自主程度在 0—19% 之间的仅为 14.29%，约是在商务部备案企业的一半。未在商务部备案的企业，57.14%的企业拥有完全自主，远比在商务部备案的企业的完全自主程度（8.33%）高。

新增投资方面，自主程度在0—19%之间，在商务部备案的企业占58.33%，未在商务部备案的企业占28.57%。自主程度为100%的企业中，未在商务部备案的企业，完全自主程度高达57.14%，比在商务部备案的企业（4.17%）高。

员工雇佣方面，在商务部备案的企业，自主程度在50%以上，分布最多的在完全自主层面，占41.67%；未在商务部备案的企业，自主程度均在90%以上，其中完全自主的企业占85.71%。

综上所述，无论是哪一方面，未在商务部备案的企业自主程度都高于在商务部备案的企业。

本次调查显示（见表3－12），产品生产方面，加入菲律宾中国商会的企业，缺乏自主性的企业占18.75%，完全自主的企业也占18.75%，其他自主程度各有分布。没有加入菲律宾中国商会的企业，自主程度在40%—49%与80%—89%之间的各占1/4，一半是完全自主的企业，自主程度分布较集中。

表3－12　　　　加入菲律宾中国商会与否和企业自主程度关系　　　　（单位:%）

		0—19%	20%—39%	40%—49%	50%—59%	60%—69%	70%—79%	80%—89%	90%—99%	100%
产品生产	是	18.75	6.25	0.00	15.63	6.25	6.25	9.38	18.75	18.75
	否	0.00	0.00	25.00	0.00	0.00	0.00	25.00	0.00	50.00
产品销售	是	9.68	6.45	3.23	6.45	6.45	12.90	12.90	19.35	22.58
	否	0.00	25.00	0.00	0.00	0.00	0.00	25.00	0.00	50.00
技术开发	是	37.50	18.75	6.25	6.25	3.13	3.13	6.25	6.25	12.50
	否	25.00	0.00	0.00	0.00	25.00	0.00	0.00	0.00	50.00
新增投资	是	59.38	3.13	3.13	9.38	9.38	6.25	0.00	0.00	9.38
	否	0.00	25.00	0.00	25.00	0.00	0.00	0.00	0.00	50.00
员工雇佣	是	3.13	0.00	0.00	9.38	6.25	6.25	12.50	15.63	46.88
	否	0.00	0.00	0.00	0.00	0.00	0.00	25.00	0.00	75.00

产品销售方面，加入菲律宾中国商会的企业，自主性在0—19%之间的占9.68%，完全自主的企业占比较高，为22.58%，其他自主程度各有分布。没有加入菲律宾中国商会的企业，自主程度在20%—39%与80%—89%之间的各占1/4，一半是完全自主的企业，自主程度分布较集中。

技术开发方面，加入菲律宾中国商会的企业，自主性在0—19%之间的占比近四成（37.50%），完全自主的企业占比为12.50%，其他自主程度各有分布。没有加入菲律宾中国商会的企业，自主程度在0—19%与60%—69%之间的各占1/4，一半是完全自主的企业，自主程度分布较集中。

新增投资方面，加入菲律宾中国商会的企业，近六成（59.38%）自主性在0—19%之间，完全自主的企业占比为9.38%，没有企业自主程度分布在80%—99%之间。没有加入菲律宾中国商会的企业，自主程度在20%—39%与50%—59%之间的各占1/4，另一半是完全自主的企业，自主程度分布较集中。

员工雇佣方面，加入菲律宾中国商会的企业，分布最多的是完全自主企业，占46.88%。未加入菲律宾中国商会的企业，完全自主的企业占3/4，自主程度在80%—89%的占1/4。

综上所述，无论是哪一方面，未加入菲律宾中国商会的企业自主程度都高于加入菲律宾中国商会的企业，且未加入菲律宾中国商会的企业分布集中程度都高于加入菲律宾中国商会的企业。

本次调查显示（见表3－13），针对注册超过五年的企业，52.00%的企业承接过菲律宾的建筑、电力项目，7.69%的企业承接过水电项目，46.15%的企业承接过公路项目，15.38%的企业承接过火电项目。针对注册低于五年的企业，41.67%的企业承接过菲律宾的建筑、电力项目，60.00%的企业承接过公路项目，20.00%的企业承接过水电项目，40.00%的企业承接过火电项目。

表 3-13 企业注册时长与承接菲律宾各类项目情况 （单位:%）

	注册超过五年		注册低于五年	
	是	否	是	否
建筑、电力	52.00	48.00	41.67	58.33
公路项目	46.15	53.85	60.00	40.00
铁路项目	0.00	100.00	0.00	100.00
水电项目	7.69	92.31	20.00	80.00
火电项目	15.38	84.62	40.00	60.00
航运项目	0.00	100.00	0.00	100.00
其他项目	46.15	53.85	60.00	40.00

在建筑、电力项目方面，注册超过五年和注册低于五年的企业差别不大；在公路项目，注册低于五年的企业略高于注册超过五年的企业。在水电项目和火电项目上，注册低于五年的企业都高于注册超过五年的企业。此外，注册时长超过五年或者低于五年的公司，都没有承接过铁路项目与航运项目。

本次调查显示（见表 3-14），针对运营时长超过五年的企业，52.00% 的企业承接过菲律宾的建筑、电力项目，53.85% 的企业承接过公路项目，15.38% 的企业承接过火电项目。针对运营时长低于五年的企业，41.67% 的企业承接过菲律宾的建筑、电力项目，40.00% 的企业承接过公路项目，40.00% 的企业承接过水电项目，40.00% 的企业承接过火电项目。

表 3-14 企业运营时长与承接菲律宾各类项目情况 （单位:%）

	运营超过五年		运营低于五年	
	是	否	是	否
建筑、电力	52.00	48.00	41.67	58.33
公路项目	53.85	46.15	40.00	60.00
铁路项目	0.00	100.00	0.00	100.00

续表

	运营超过五年		运营低于五年	
	是	否	是	否
水电项目	0.00	100.00	40.00	60.00
火电项目	15.38	84.62	40.00	60.00
航运项目	0.00	100.00	0.00	100.00
其他项目	46.15	53.85	60.00	40.00

在建筑、电力项目及公路项目方面，注册超过五年和注册低于五年的企业差别不大；在火电项目上，注册低于五年的企业承接项目的比率都高于注册超过五年的企业。运营时长超过五年的企业没有承担水电项目。此外，注册时长超过五年或者低于五年的公司，都没有承接过铁路项目与航运项目。

针对菲律宾政府履约程度这一信息（见图 3－6），少数（6.67%）企业认为履约程度较好，能提前履约；四成企业认为菲律宾政府的履约程度尚可，不用催促准时履约；四成企业认为菲律宾政府的履约程度一般，需要 3—5 次催促才能正常完成合约。

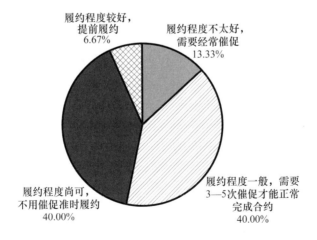

图 3－6　菲律宾政府履约程度

二 企业销售渠道

调查数据显示（见表 3 – 15），工业企业完全采用传统销售渠道进行销售，近七成（66.67%）服务业企业采用传统销售渠道。在商务部备案的企业，近九成（87.50%）企业通过传统销售渠道进行销售，比未备案企业通过传统渠道销售的比率更高一些。未在商务部备案的企业，五成企业认为通过传统渠道销售更高，五成企业认为互联网渠道与传统渠道销售无差异。

表 3 – 15　　　　　　企业互联网销售渠道和传统渠道的比较　　　　　（单位:%）

	互联网更高	传统渠道更高	差不多	不清楚
工业	0.00	100.00	0.00	0.00
服务业	0.00	66.67	11.11	22.22
在商务部备案	0.00	87.50	0.00	12.50
未在商务部备案	0.00	50.00	50.00	0.00

本次调查的企业中（见表 3 – 16），工业企业不会投放电视广告，1/4 的服务业企业会投放电视广告。在商务部备案的企业中，1/5 的企业会投放商务电视广告；未在商务部备案的企业中，1/4 的企业会投放电视广告。

表 3 – 16　　　　　　　　企业投放电视广告情况　　　　　　　（单位:%）

	是	否
工业	0.00	0.00
服务业	25.00	75.00
在商务部备案	20.00	80.00
未在商务部备案	25.00	75.00

未投放电视广告的企业中（见图 3 – 7），近七成（66.67%）的

企业认为不需要采用电视广告，1/4 的企业认为电视广告费用支出
太高。

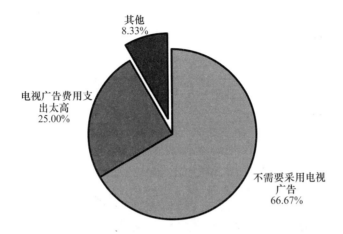

图 3 - 7　未投放电视广告的原因

从本次调研情况来看，在菲中资企业主要依靠传统销售渠道销
售，电商渠道并不是主流，所以，大多数企业认为没有必要而未投放
电视广告。

第三节　菲律宾中资企业融资状况分析

本次调查（见图 3 - 8）专门设置一些问题对在菲中资企业的融
资状况进行了解。在菲中资企业的融资来源中，56.76% 的企业由中
国国内母公司拨款。针对是否向中国国内银行和金融机构贷款，仅
5.41% 的企业有来自中国国内银行和金融机构的贷款。针对融资是否
来自菲律宾国内银行和金融机构，少数（10.81%）企业融资来自菲
律宾国内银行和金融机构。针对赊购和商业信用这一融资渠道，仅
2.70% 企业有此融资来源。针对社会组织贷款这一融资来源，仅
5.41% 的企业有这一来源。没有企业选择向亲戚朋友借款进行融资。

由此可见，国内母公司拨款依然是多数在菲中资企业的主要融资渠道。

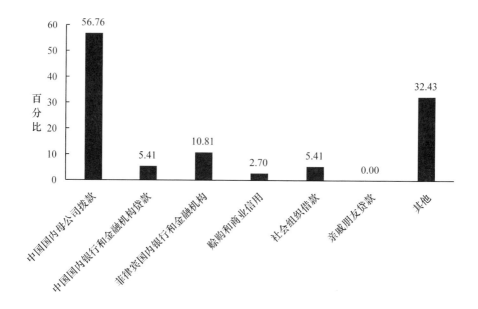

图 3-8 企业融资来源分布

本次调查中（见图 3-9），未申请贷款的企业，其未申请贷款的原因各异，78.13% 的未申请贷款企业因没有贷款需求而未申请贷款。七成多（71.88%）的未申请贷款企业因申请程序复杂而未申请贷款。近四成（37.50%）企业认为银行利率过高而未申请贷款。针对担保要求这一原因，少数（8.70%）的未申请贷款企业因担保要求过高而未申请贷款。近两成（18.75%）的未申请贷款企业因公司资产、规模、实力不够而未申请贷款。近一成（8.70%）的未申请贷款企业因缺乏贷款信息而未申请贷款。3.13% 的未申请贷款企业因需要支付特殊费用且难以负担而未申请贷款。可见，没有贷款需求、贷款程序复杂和贷款利率过高，是在菲中资企业不申请贷款的三大主因。

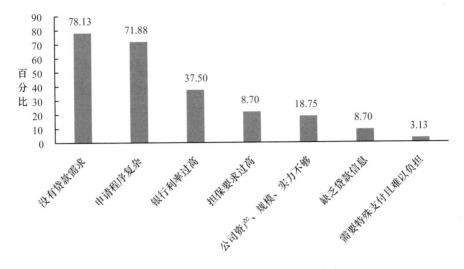

图3-9　企业未申请贷款的原因分布

小　结

本次调研数据显示，菲律宾的中资企业于2006—2010年注册的最多，此后维持稳定增加。其中，菲律宾中资企业约有九成是直接由中国股东一直控股，菲律宾中资企业母公司类型最多的是国有企业；在菲律宾经开区的中资企业，母公司有一半是股份合作企业，而不在经开区的菲律宾中资企业，母公司是国有企业占比最高。这说明在菲律宾的中资企业，多数是由中国母公司直接参与经营的。

从菲律宾中资企业生产经营状况来看，菲律宾中资企业每周的营业时间集中在30—50个小时。菲律宾中资企业生产的产品多数销往菲律宾国内，各公司按照市场定价的方式居多，而企业的出口产品类型较为单一，绝大多数是原始设备制造商以及其他类型。本次调查显示，各企业普遍认为竞争变得激烈，不论是工业还是服务业，企业竞争的压力主要是来自外资同行（含中资企业之间的竞争）。在产品生产方面，各企业自主程度各有不同。相比之下，工业企业对国内母公司有一定的依赖程度，其完全自主的产品较少，服务业对国内母公司的依赖相对较少，这是服务业和工业特征导致的。工业企业在国内技术、资金等方面有依赖性，服务业由于产品特殊，更多地需要属地化的产品，因此对国内母公司的依赖程度小。

菲律宾中资企业融资状况显示，大多数企业由国内母公司拨款。但是，在没有申请贷款的企业中，近八成企业没有贷款需求，说明企业的自有资金足够支持企业的生产经营发展。

第 四 章

菲律宾中资企业的投资环境

第一节 菲律宾基础设施供给分析：
中资企业视角

基础设施是一国营商环境的决定性因素。基础设施的便利性、经济性、可靠性和可获得性，是影响企业生产经营的关键性外部因素。对于大多数发展中国家而言，基础设施供给不足，质量较差，是导致其营商环境不佳的重要因素。本次对菲律宾营商环境的调研中，我们也对中资企业感受到的菲律宾基础设施进行较为详尽的调查。

调查显示（见表4-1），针对是否提交用水申请，16.67%不在经济开发区的企业提交过申请；在菲律宾经开区的企业，没有提交过用水申请。

表4-1　　　　　按是否位于开发区划分的企业提交
水、电、网、建筑申请比例　　　（单位:%）

	水		电		网		建筑	
	是	否	是	否	是	否	是	否
不在经开区	16.67	83.33	37.50	62.50	91.67	8.33	41.67	58.33
菲律宾经开区	0.00	100.00	0.00	100.00	50.00	50.00	0.00	100.00
其他	36.36	63.64	36.36	63.64	100.00	0.00	40.00	60.00

针对是否提交用电申请，不在经开区的企业中，37.50%的企业

提交过申请；在菲律宾经开区的企业，没有提交过用电申请。

针对是否提交用网申请，不在经开区的企业中，91.67%的企业提交过用网申请；在菲律宾经开区的企业，一半的企业提交过用网申请。

针对是否提交建筑施工许可申请，不在经开区的企业中，41.67%的企业提交过建筑施工申请；在菲律宾经开区的企业，没有提交过建筑施工申请。

综上所述，对于水、电、网、建筑一系列基础设施，不在经开区的企业提交的申请均高于在经开区的企业。整体而言，经济开发区的水、电、网等基础设施配置较为齐备。

调查显示（见表4-2），约三成（28.57%）工业企业提交过用水申请，一成以上（12.50%）服务业企业提交过用水申请。约一半（47.62%）工业企业提交过用电申请，近两成（18.75%）服务业企业提交过用电申请。90.48%的工业企业提交过用网申请，93.75%的服务业提交过用网申请。五成以上（55.00%）工业企业提交过建筑施工申请，近两成（18.75%）服务业企业提交过建筑施工申请。

表4-2　　　　按行业划分的企业提交水、电、网、建筑申请比例　　（单位:%）

	水		电		网		建筑	
	是	否	是	否	是	否	是	否
工业	28.57	71.43	47.62	52.38	90.48	9.52	55.00	45.00
服务业	12.50	87.50	18.75	81.25	93.75	6.25	18.75	81.25

综上所述，对水、电、建筑基础设施，工业企业提交的申请均高于服务业企业；对网络这一基础设施，服务业提出的申请高于工业。

调查显示（见表4-3），针对是否会发生断水这一情况，不在经开区的企业，三分之一的企业发生过该情况。在菲律宾经开区的企业，有一半的企业会发生断水。针对是否会发生断电这一情况，不在经开区的企业，37.50%的企业发生过断电这一情况；在菲律宾经开区的企业，100.00%发生过断电这一情况。针对是否会断网，不在经开区的企业，62.50%的企业断过网；在菲律宾经开区的企业，都发生过断网。

表4－3　　按是否位于开发区划分的企业发生断水、断电、断网情况　（单位:%）

	断水		断电		断网	
	是	否	是	否	是	否
不在经开区	33.33	66.67	37.50	62.50	62.50	37.50
菲律宾经开区	50.00	50.00	100.00	0.00	100.00	0.00
其他	18.18	81.82	45.45	54.55	90.91	9.09

综上所述，在菲律宾经开区的企业，发生断水、断电、断网的情况，比未在经开区的企业多。

调查显示（见表4－4），针对是否会发生断水这一情况，42.86%的工业企业会发生，12.50%的服务业企业会发生。针对是否会发生断电这一情况，52.38%的工业企业会发生，31.25%的服务业企业会发生。针对是否会断网，71.43%的工业企业会发生，3/4的服务业企业会发生。

表4－4　　　　按行业划分的企业发生断水、断电、断网情况　　　（单位:%）

	断水		断电		断网	
	是	否	是	否	是	否
工业	42.86	57.14	52.38	47.62	71.43	28.57
服务业	12.50	87.50	31.25	68.75	75.00	25.00

综上所述，工业企业发生断水、断电的情况比服务业企业多，服务业发生断网的情况比工业企业多。

调查显示（见表4－5），在回答提交用水申请后是否需要支付非正规费用这一问题时，在经开区的企业并没有非正规支付的情况；不在菲律宾经开区的企业，有44.44%会出现非正规支付。

表4-5　　　　按是否位于开发区划分的企业提交水、电、网、建筑

申请的非正规支付比例　　　　　　（单位:%）

	水		电		网		建筑	
	是	否	是	否	是	否	是	否
不在经开区	0.00	100.00	44.44	55.56	0.00	100.00	100.00	0.00
菲律宾经开区	0.00	0.00	0.00	0.00	0.00	100.00	0.00	0.00
其他	100.00	0.00	50.00	50.00	10.00	90.00	75.00	25.00

在回答提交用电申请后是否需要支付非正规费用这一问题时，不在经开区的企业，有44.44%的企业会出现非正规支付；在菲律宾经开区的企业，未出现非正规支付。

在回答提交用网申请后是否需要支付非正规费用这一问题时，没有企业进行非正规支付。在回答提交建筑施工许可申请后是否需要支付非正规费用这一问题时，不在经开区的企业完全采用非正规支付，在菲律宾经开区的企业不会采用非正规支付。

综上，不在经开区的企业，相较于在菲律宾经开区的企业采取非正规支付的比例更高。

调查显示（见表4-6），在回答提交用水申请后是否需要支付非正规费用这一问题时，工业与服务业均有一半的企业会采取非正规支付。

表4-6　　　　　　按行业划分的企业提交水、电、网、建筑

申请的非正规支付比例　　　　　　（单位:%）

	水		电		网		建筑	
	是	否	是	否	是	否	是	否
工业	50.00	50.00	40.00	60.00	5.56	94.44	90.91	9.09
服务业	50.00	50.00	66.67	33.33	0.00	100.00	100.00	0.00

在回答提交用电申请后是否需要支付非正规费用这一问题时，有40.00%的工业企业会出现非正规支付。服务业企业中近七成（66.67%）会出现非正规支付。

在回答提交用网申请后是否需要支付非正规费用这一问题时，较少（5.56%）工业企业会支付非正规费用，没有服务业企业支付非正规费用。

在回答提交建筑施工许可申请后是否需要支付非正规费用这一问题时，服务业企业都需要支付非正规费用，九成以上（90.91%）的工业企业支付过非正规费用。

综上所述，服务业与工业企业在建筑施工方面更需要支付非正规费用。

第二节　菲律宾公共服务供给分析：中资企业视角

公共服务特别是政府提供的公共服务的质量和效率是影响企业经营的另一重要因素，也是决定各国营商环境不同的重要指标。廉洁、透明、高效、可预期的公共服务，是所有营商环境较佳的国家的共同特点。

一　公共服务的供给

本次调查显示（见表4-7），在菲中资企业中，曾被税务机构走访或检查的工业企业占比超六成（63.16%），服务业仅占33.33%，说明菲律宾税务机构对工业企业走访或调查的较多。在菲的中资工业企业的58.33%曾向税务机构支付过非正规费用，六成服务业企业曾向税务机构支付过非正规费用。不论是服务业还是工业企业，都有近六成的企业曾向税务机构支付过非正规费用。

表4-7　　　　按行业划分的企业税务机构检查与非正规支付比例　　（单位:%）

	税务机构走访或检查		税务机构非正规支付	
	是	否	是	否
工业	63.16	36.84	58.33	41.67
服务业	33.33	66.67	60.00	40.00

　　本次调查显示（见表4-8），不在经开区的中资企业中，约一半（47.83%）的企业曾被税务机构走访或检查；在经开区的中资企业中，100.00%的企业曾被税务机构走访或检查。这说明在菲律宾经开区的企业被税务机构走访或调查的比例更高。不在经开区的中资企业中，54.55%企业曾向税务机构支付过非正规费用；在菲律宾经开区的中资企业中，50.00%的企业曾向税务机构支付过非正规费用。不管是否在经开区，企业需要向税务机构支付非正规费用的比例相当。

表4-8　　　　按是否位于开发区划分的企业税务机构检查与
非正规支付比例　　　　　　　（单位:%）

	税务机构走访或检查		税务机构非正规支付	
	是	否	是	否
不在经开区	47.83	52.17	54.55	45.45
菲律宾经开区	100.00	0.00	50.00	50.00
其他	44.44	55.56	75.00	25.00

　　本次调查显示（见表4-9），不在经开区的在菲中资企业中，43.48%的企业申请过进口许可。其中，在进口许可申请过程中，90.00%的企业需要支付非正规费用。在菲律宾经开区的企业，都没有申请过进口许可。

表 4 - 9　　　　　　　按是否位于开发区划分的企业进出口许可
申请与非正规支付比例　　　　　（单位:%）

	进口许可申请		进口许可申请中非正规支付	
	是	否	是	否
不在经开区	43.48	56.52	90.00	10.00
菲律宾经开区	0.00	100.00	0.00	0.00
其他	70.00	30.00	28.57	71.43

本次调查显示（见表 4 - 10），按行业划分，在进行进口许可申请的企业中，工业企业占比为 55.56%，申请进口许可的 80.00% 的工业企业都支付过非正规费用。在中资企业的服务业企业中，申请过进口许可的企业占 43.75%，其中，42.86% 的申请企业支付过非正规费用。与工业企业相比，服务业企业申请进口许可的比例比工业企业少 10% 左右，而在申请进口许可中，服务业企业中支付过非正规费用的企业比例约是同类型工业企业的一半。这说明服务业企业获得进口许可申请需要支付非正规费用的比例较低。

表 4 - 10　　　按行业划分的企业进出口许可申请与非正规支付比例　　　（单位:%）

	进口许可申请		进口许可申请中非正规支付	
	是	否	是	否
工业	55.56	44.44	80.00	20.00
服务业	43.75	56.25	42.86	57.14

本次调查中（见图 4 - 1），工业企业和服务业企业认为劳动力市场规制政策对其影响总体不大，且呈下降趋势。对工业企业来说，42.86% 的企业认为菲律宾劳动力市场规制政策对其有"一点妨碍"，23.81% 的企业认为没有妨碍。对服务业企业来说，43.75% 的企业认为劳动力市场规制政策并没有妨碍企业经营活动，25.00% 的企业认

为有"一点妨碍"。与服务业企业相比，劳动力市场规制政策对工业企业生产经营影响程度略大，但整体而言，在菲中资企业认为劳动力市场规制政策对其生产经营活动的影响甚微。

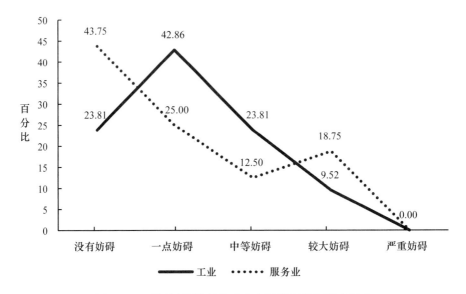

图4-1 不同行业类型劳动力市场规制政策影响程度

本次调查中（见图4-2），对工业企业来说，近四成（38.10%）企业认为由于管理人员招聘难度较大，对企业的生产经营有中等妨碍，19.05%的工业企业认为管理人员招聘难度大对企业的生产经营没有影响或有一点影响。对服务业企业来说，37.50%的企业认为管理人员招聘难度大对企业的生产经营没有妨碍，18.75%的企业认为管理人员招聘难度大对企业经营有一点妨碍或有中等妨碍。可见，工业和服务业的中资企业都受制于管理人员招聘难度大的影响，但影响程度不一。与服务业相比，管理人员招聘难度大对工业企业的生产经营妨碍较大。

本次调查显示（见图4-3），对在菲中资企业中的工业企业来说，近一半（47.62%）的企业认为专业技术人员招聘难度对企业

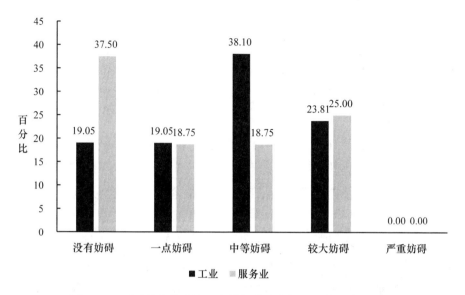

图 4 - 2　不同行业类型管理人员招聘难度妨碍生产经营的程度

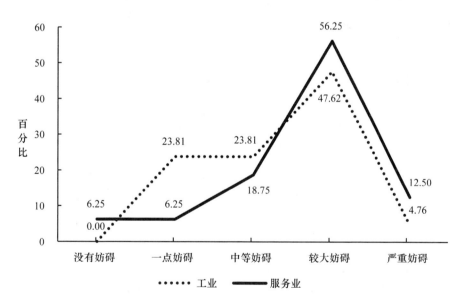

图 4 - 3　不同行业类型专业技术人员招聘难度妨碍生产经营的程度

的生产经营有较大妨碍，近六成（56.25%）服务业企业认为专业技术人员招聘难度对企业的生产经营有较大妨碍。服务业企业认为专业技术人员招聘难度严重妨碍生产经营的占 12.50%。对工业企业来说，认为专业技术人员招聘难度严重妨碍生产的仅占 4.76%。总体而言，服务业企业认为专业技术人员招聘难度妨碍生产经营的程度更大。专业技术人员缺乏，已经成为制约在菲中资企业生产经营的重要因素。

本次调查显示（见图 4-4），对工业企业来说，技能人员招聘难度大的影响程度集中在中等妨碍（38.10%），有一点妨碍与较大妨碍占比并不低，技能人员招聘难度对工业企业生产经营的影响很大，两极上分布不明显，集中体现在中等妨碍，分布比较集中。对服务业企业来说，技能人员招聘难度对生产经营的妨碍程度总体呈现上升趋势。超四成（43.75%）企业认为技能人员招聘难度对企业生产经营造成较大妨碍，且有 6.25% 的企业认为技能人员招聘难度严重妨碍企业生产经营。总体而言，技能人员招聘难度对服务业的影响比对工业的影响更大。显然，技能或技工人员缺乏已经成为在菲中资企业的

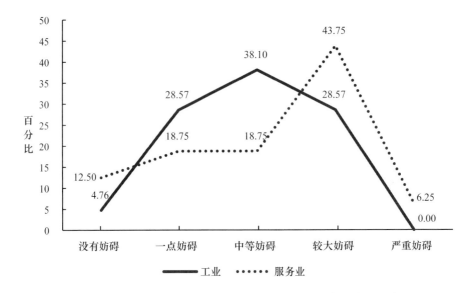

图 4-4 不同行业类型技能人员招聘难度妨碍生产经营的程度

共同难题。

本次对在菲中资企业的调查显示（见图4-5），对工业企业来说，约四成（38.10%）的企业认为员工素质对企业的生产经营造成中等妨碍，超六成（62.50%）服务业企业认为员工素质对企业的生产经营有较大妨碍。服务业企业认为员工素质严重妨碍生产经营的占12.50%，对工业企业来说，认为员工素质严重妨碍生产的占4.76%。总体上说，员工素质对服务业企业的影响比对工业企业的影响更大。

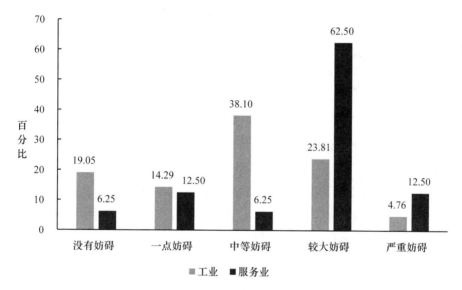

图4-5　不同行业类型员工素质妨碍生产经营的程度

二　经济开发区影响生产经营因素及其程度

本次调查显示（见图4-6），不在经开区的企业，近一半认为（45.83%）劳动力市场规制政策对企业生产经营有一点妨碍，各有约两成的企业认为没有妨碍、中等妨碍及较大妨碍。在菲律宾经开区的企业，一半认为劳动力市场规制政策对企业生产经营没有妨碍，一半认为达到中等妨碍程度，分布较不在经开区的企业更为集中，影响程度更大。分布在其他区域的企业，超五成（54.55%）认为劳动力市场规制政策对企业生产经营没有妨碍。

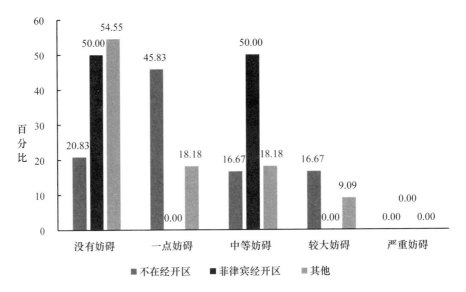

图 4 - 6 是否在经开区企业与劳动力市场规制政策妨碍生产经营的程度

本次调查显示（见图 4 - 7），不在经开区的企业，各有约三成（29.17%）企业认为员工素质对企业生产经营有中等妨碍及较大妨碍，在没有妨碍和有一点妨碍上，总共有近四成的企业。在菲律宾经开区的企业，一半认为员工素质对企业生产经营没有妨碍，一半认为达到中等妨碍程度，分布较不在经开区的企业更为集中。但是综合而言，员工素质对企业生产经营的妨碍比不在经开区的企业产生的影响更大。分布在其他区域的企业，超七成（72.73%）认为员工素质对企业生产经营有较大妨碍。

本次调查显示（见图 4 - 8），不在经开区的企业，专业技术人员招聘难度妨碍生产经营的程度总体呈上升趋势，在较大妨碍处达到峰值，超四成的企业认为专业技术人员招聘难度对生产经营有较大妨碍。对在菲律宾经开区的企业而言，一半认为专业技术人员招聘难度对企业生产经营有一点妨碍，一半认为达到较大妨碍程度。与不在经开区的企业相比，其分布较为集中。总体而言，专业技术人员招聘难

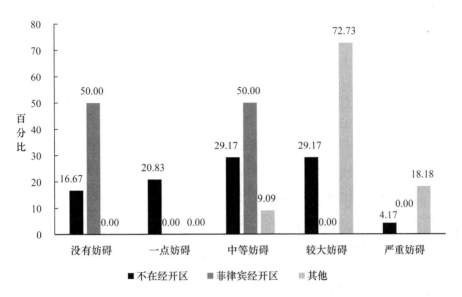

图 4 - 7　是否在经开区企业与员工素质妨碍生产经营的程度

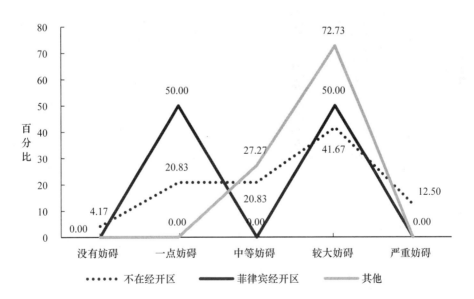

图 4 - 8　是否在经开区企业与专业技术人员招聘难度妨碍生产经营的程度

度对分布在菲律宾经开区的企业影响较大。分布在其他区域的企业，超七成（72.73%）认为专业技术人员招聘难度对企业生产经营有较大妨碍。

本次调查显示（见图4-9），不在经开区的企业，各有约三成（29.17%）企业认为管理人员招聘难度对企业生产经营没有妨碍及较大妨碍，近两成（16.67%）企业认为管理人员招聘难度对企业生产经营有一点妨碍，1/4企业认为有中等妨碍。在菲律宾经开区的企业，一半认为管理人员招聘难度对企业生产经营有一点妨碍，一半认为达到较大妨碍程度，分布较不在经开区的企业更为集中。但是综合而言，管理人员招聘难度对在菲律宾经开区的企业生产经营妨碍比不在经开区的企业影响更大。

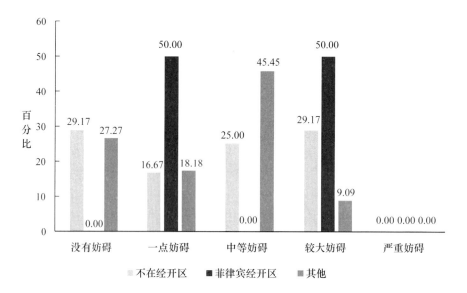

图4-9 是否在经开区企业与管理人员招聘难度妨碍生产经营的程度

本次调查显示（见图4-10），不在经开区的企业，各有超三成（33.33%）的企业认为技能人员招聘难度对企业生产经营有中等妨碍及较大妨碍，超两成（20.83%）企业认为技能人员招聘难度对企业生产经营有一点妨碍。另有4.17%的企业认为技能人员招聘难度对企业生产经营产生严重妨碍。在菲律宾经开区的企业，一半认为技能人员招聘难度对企业生产经营有一点妨碍，一半认为达到较大妨碍程度，分布较不在经开区的企业更为集中。综合而言，技能人员招聘难度对在菲律宾经开区的企业生产经营的妨碍，比不在经开区的企业更大。

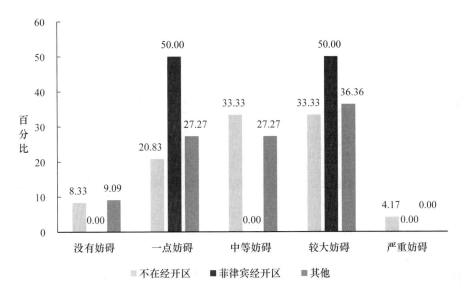

图 4 - 10　是否在经开区企业与技能人员招聘难度妨碍生产经营的程度

三　工会影响生产经营因素及其程度

本次调查显示（见图 4 - 11），对于无自身工会的企业来说，近四成（37.50%）的企业认为，劳动力市场规制政策对企业生产经营有一点妨碍，34.38% 的企业认为劳动力市场规制政策对企业生产经营没有妨碍。对有自身工会的企业来说，其分布较为集中，有一半的企业认为劳动力市场规制政策对企业的生产经营有中等妨碍，1/4 的企业认为劳动力市场规制政策对企业生产经营没有妨碍，1/4 的认为有一点妨碍。总体而言，对有自身工会的企业，劳动力市场规制政策对生产经营的妨碍程度较没有自身工会的企业大。

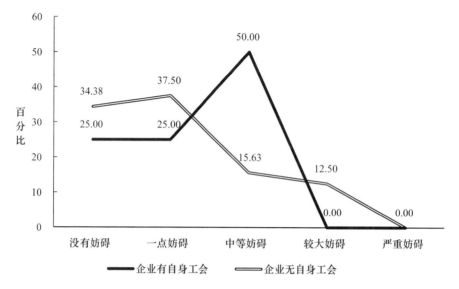

图 4 - 11 企业有无自身工会与劳动力市场规制政策妨碍生产经营的程度

本次调查显示（见图 4 - 12），对有自身工会的企业来说，3/4 的企业认为员工素质对企业生产经营有中等妨碍，1/4 的企业认为员工素质对企业生产经营有一点妨碍，分布较为集中。对无自身工会的企业来说，各个妨碍程度都各有分布，其中超四成（43.75%）企业认为员工素质对企业的生产经营有较大妨碍，近两成（18.75%）企业认为员工素质对企业生产经营有中等妨碍。总体而言，员工素质对没有自身工会的企业影响程度较大。

本次调查显示（见图 4 - 13），对有自身工会的企业来说，一半的企业认为专业技术人员招聘难度对企业生产经营有较大妨碍，各有 1/4 的企业认为专业技术人员招聘难度对企业生产经营有一点妨碍及中等妨碍，分布较为集中。对无自身工会的企业来说，各个妨碍程度各有分布，其中一半企业认为专业技术人员招聘难度对企业的生产经营有较大妨碍，超两成（21.88%）的企业认为专业技术人员招聘难度对企业生产经营有中等妨碍。总体而言，专业技术人员招聘难度对有自身工会的企业及没有自身工会的企业影响程度相当。

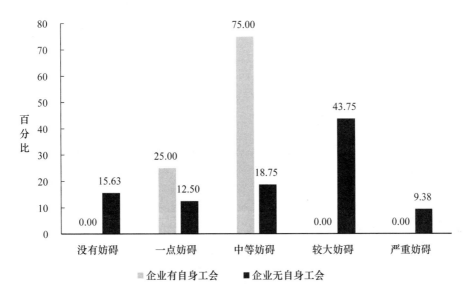

图 4 - 12　企业有无自身工会与员工素质妨碍生产经营的程度

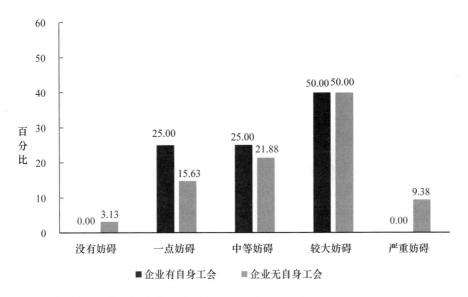

图 4 - 13　企业有无自身工会与专业技术人员招聘难度妨碍生产经营的程度

本次调查显示（见图 4 - 14），对有自身工会的企业来说，一半的企业认为管理人员招聘难度对企业生产经营有中等妨碍，各有1/4 的企业认为管理人员招聘难度对企业生产经营有一点妨碍及较大妨碍，分布较为集中。对无自身工会的企业来说，超三成（31.25%）的企业认为管理人员招聘难度对企业生产经营没有妨碍，各 1/4 的企业认为管理人员招聘难度对企业生产经营有中等妨碍及较大妨碍。总体而言，管理人员招聘难度对有自身工会的企业影响程度较大。

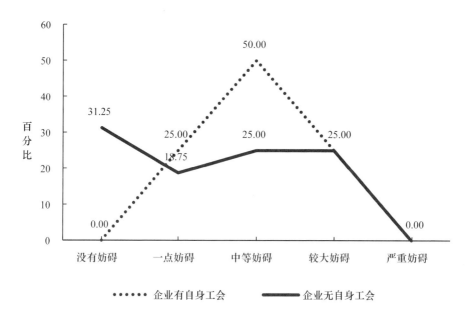

图 4 - 14　企业有无自身工会与管理人员招聘难度妨碍生产经营的程度

本次调查显示（见图 4 - 15），对有自身工会的企业来说，一半的企业认为技能人员招聘难度对企业生产经营有中等妨碍，各有 1/4 的企业认为技能人员招聘难度对企业生产经营有一点妨碍及较大妨碍，分布较为集中。对无自身工会的企业来说，近四成（37.50%）的企业认为技能人员招聘难度对企业生产经营有较大妨碍，各 1/4 的企业认为技能人员招聘难度对企业生产经营有一点妨碍及中等妨碍。

总体而言，技能人员招聘难度对自身无工会的企业影响程度较大。

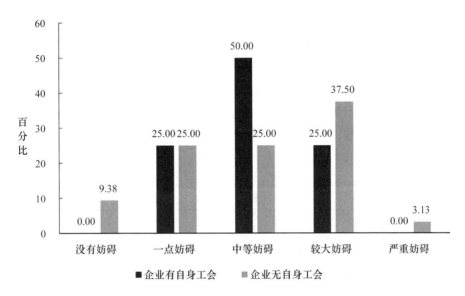

图4－15　企业有无自身工会与技能人员招聘难度妨碍生产经营的程度

四　女性高管

本次调查显示（见图4－16），对有女性高管的企业而言，超一半（52.94％）的企业认为劳动力市场规制政策对企业生产经营没有妨碍。对没有女性高管的企业而言，45.00％的企业认为劳动力市场规制政策对企业生产经营活动有一点妨碍，各1/5的企业认为劳动力市场规制政策对企业生产经营有中等妨碍及较大妨碍，15.00％的企业认为没有妨碍。总体而言，劳动力市场规制政策对没有女性高管的企业生产经营活动妨碍较大。

本次调查显示（见图4－17），对有女性高管的企业而言，41.18％的企业认为员工素质对企业生产经营有较大妨碍。对没有女性高管的企业而言，四成企业认为员工素质对企业生产经营活动有较大妨碍。总体而言，员工素质对有女性高管或没有女性高管的企业生产经营活动妨碍差不多。

本次调查显示（见图4－18），对有女性高管及没有女性高管的

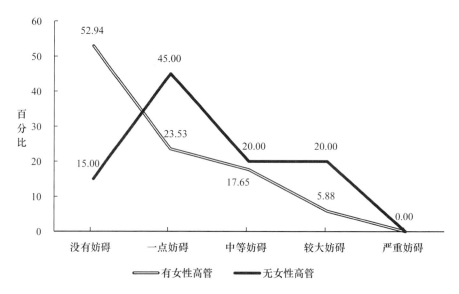

图4-16 有无女性高管与劳动力市场规制政策妨碍生产经营的程度

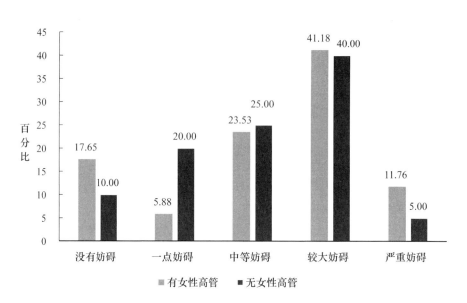

图4-17 有无女性高管与员工素质妨碍生产经营的程度

企业来说，专业技术人员招聘难度对企业生产经营的妨碍占比总体呈上升趋势。其中有女性高管的企业，近六成（58.82%）认为专业技术人员招聘难度对企业的生产经营有较大妨碍，23.53%的企业认为专业技术人员招聘难度对企业生产经营有中等妨碍。对于没有女性高管的企业来说，45.00%的企业认为专业技术人员招聘难度对生产经营有较大妨碍，各有1/5的企业认为专业技术人员招聘难度对生产经营有一点妨碍及中等妨碍，15.00%的企业认为有严重妨碍。总体而言，专业技术人员招聘难度对没有女性高管的企业影响更大。

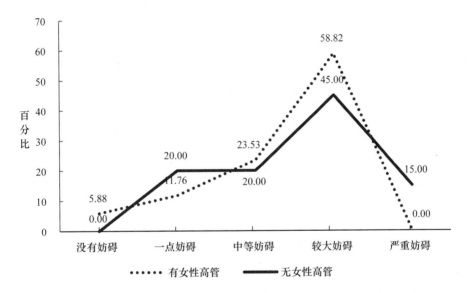

图4-18　有无女性高管与专业技术人员招聘难度妨碍生产经营的程度

本次调查显示（见图4-19），对于无女性高管的企业，35.00%的企业认为，管理人员招聘难度对企业生产经营有较大妨碍，各有1/4的企业认为管理人员招聘难度对企业生产经营没有妨碍及中等妨碍。对于有女性高管的企业来说，35.29%的企业认为管理人员招聘难度对生产经营有中等妨碍，近三成（29.41%）的企业认为管理人员招聘难度对生产经营没有妨碍，23.53%的企业认为有一点妨碍。总体而言，管理人员招聘难度对没有女性高管的企业影响更大。

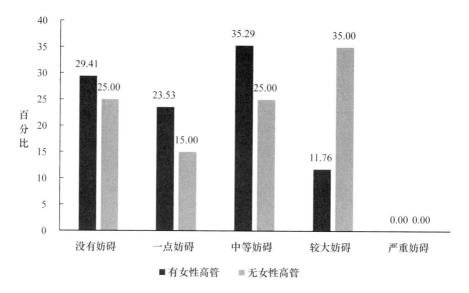

图 4 - 19   有无女性高管与管理人员招聘难度妨碍生产经营的程度

本次调查显示（见图 4 - 20），对于有女性高管的企业，35.29%
的企业认为技能人员招聘难度对企业生产经营有较大妨碍，近三成

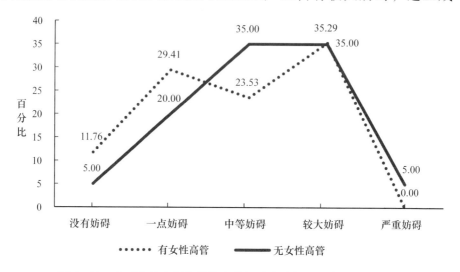

图 4 - 20   有无女性高管与技能人员招聘难度妨碍生产经营的程度

（29.41%）企业认为技能人员招聘难度对企业生产经营有一点妨碍。对于没有女性高管的企业来说，各有 35.00% 的企业认为技能人员招聘难度对生产经营有中等妨碍及较大妨碍，两成企业认为技能人员招聘难度对生产经营有一点妨碍，5.00% 的企业认为有严重妨碍。总体而言，技能人员招聘难度对没有女性高管的企业影响更大。

第三节　中资企业对菲律宾公共服务治理的评价

一　中资企业是否在经开区对菲律宾公共治理评价的差异

本次调查显示（见图 4 - 21），在菲律宾经开区的企业，一半认为税率对公司生产经营有一点妨碍，一半认为税率对公司生产经营产生了中等妨碍，分布较为集中。不在经开区的企业，45.83% 认为税率对公司生产经营有一点妨碍，近三成（29.17%）的企业认为税率没有妨碍公司生产经营。在其他区域的 27.27% 的企业认为，税率对

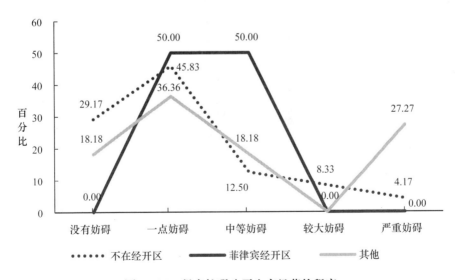

图 4 - 21　税率妨碍公司生产经营的程度

公司生产经营有严重妨碍。总体而言，税率对设立在其他区域的企业妨碍程度最大，其次是对设立在菲律宾经开区的企业影响较大，妨碍最小的是不在经开区的企业。

本次调查显示（见图4-22），在菲律宾经开区的企业，一半认为税收征收对公司生产经营有一点妨碍，一半认为税收征收对公司生产经营产生中等妨碍，分布较为集中。不在经开区的企业，各有33.33%的企业认为税收征收对公司生产经营没有妨碍及有一点妨碍，超两成（20.83%）的企业认为税收征收对公司的生产经营有中等妨碍。45.45%在其他区域的企业认为，税收征收对公司的生产经营有中等妨碍，近两成（18.18%）企业认为有严重妨碍。总体而言，税收征收对在其他区域的企业妨碍程度最大，其次是对在菲律宾经开区的企业，妨碍最小的是不在经开区的企业。

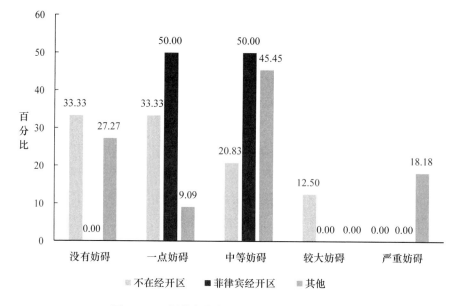

图4-22　税收征收妨碍公司生产经营的程度

本次调查显示（见图4-23），在菲律宾经开区的企业，有一半认为工商许可对企业生产经营没有妨碍，有一半认为工商许可对公司生产经营有一点妨碍。对不在经开区的企业来说，近四成（37.50%）企业认为，工商许可对公司生产经营有一点妨碍，33.33%的企业认为没有妨碍。在其他区域的企业，随着妨碍程度的提高，总体占比呈下降趋势。36.36%的企业认为工商许可对公司的生产经营没有妨碍。总体而言，工商许可对在其他区域企业的妨碍程度大于不在经开区的企业，对在菲律宾经开区的企业妨碍程度最小。

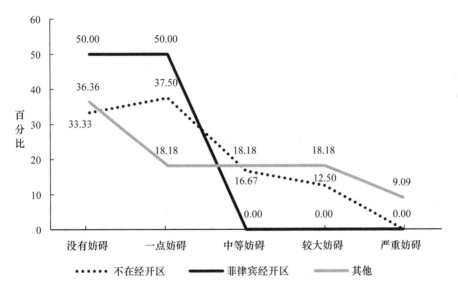

图4-23 工商许可妨碍公司生产经营的程度

本次调查显示（见图4-24），对在菲律宾经开区的企业来说，有一半的企业认为政治不稳定对公司生产经营没有妨碍，另外有一半的企业认为政治不稳定对公司生产经营产生较大的妨碍。对不在经开区的企业来说，近四成（39.13%）的企业认为政治不稳定对公司生产经营有一点妨碍，30.43%的企业认为没有妨碍，17.39%的企业认为有中等妨碍。对于在其他区域的企业来说，有45.45%的企业认为政治不稳定对公司生产经营产生较大妨碍，18.18%的企业认为政治不稳定严重妨碍公司生产经营。总体而言，政治不稳定因素对其他区域的企业影响最大。

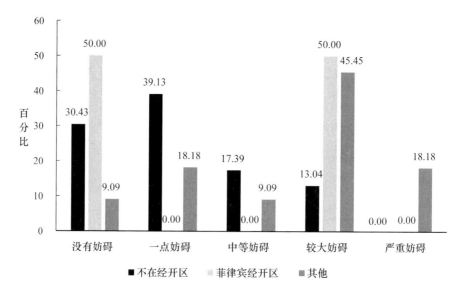

图4-24　政治不稳定妨碍公司生产经营的程度

　　本次调查显示（见图4-25），对在菲律宾经开区的企业来说，所有企业都认为腐败对公司生产经营有一点妨碍，分布集中。对于不在经开区的企业来说，33.33%的企业认为腐败对公司生产经营有一点妨碍，25.00%的企业认为有较大妨碍，20.83%的企业认为有中等妨碍，16.67%的企业认为没有妨碍。对在其他区域的企业来说，63.64%的企业认为腐败对公司生产经营活动有较大妨碍。综上所述，腐败对在其他区域的企业影响最大，其次是不在经开区的企业，对在菲律宾经开区的企业影响最小。

　　本次调查显示（见图4-26），土地许可并不妨碍在菲律宾经开区的企业的生产经营，对不在经开区的企业而言，随着妨碍程度的提高，企业占比呈下降趋势。其中，41.67%的企业认为土地许可对公司的生产经营没有妨碍，各有20.83%的企业认为土地许可对企业生产经营有一点妨碍以及中等妨碍。对在其他区域的企业来说，54.55%的企业认为，土地许可对公司生产经营没有妨碍。总体而言，土地许可对其他区域的企业影响最大。

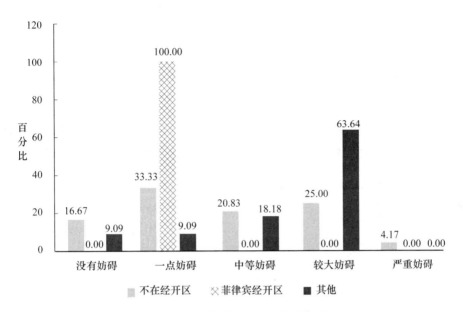

图 4 - 25　腐败妨碍公司生产经营的程度

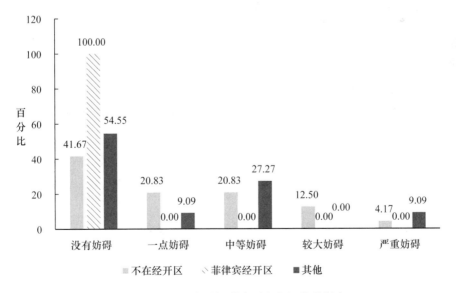

图 4 - 26　土地许可妨碍公司生产经营的程度

本次调查显示（见图4-27），对在菲律宾经开区的企业而言，所有企业一致认为，政府管制与审批对公司生产经营有一点妨碍。对不在经开区的企业而言，近四成（37.50%）企业认为政府管制与审批对公司的生产经营产生中度妨碍，29.17%的企业认为有一点妨碍，20.83%的企业认为有较大妨碍。对其他区域的企业来说，随着妨碍程度的加深，企业占比大体呈上升趋势。36.36%的企业认为政府管制与审批对公司生产经营有较大妨碍，27.27%的企业认为有严重妨碍。综上所述，政府管制与审批对在其他区域的公司影响最大，对不在经开区的企业影响程度大于在菲律宾经开区的企业。

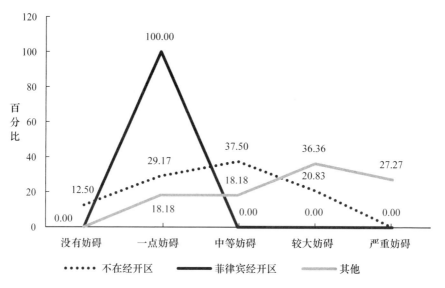

图4-27 政府管制与审批妨碍公司生产经营的程度

二 不同行业中资企业对菲律宾公共服务的评价

本次调查显示（见图4-28），对服务业企业而言，一半的企业认为税率对企业生产经营有一点妨碍，1/4的企业认为没有妨碍，近两成（18.75%）的企业认为产生了中等妨碍。对工业企业来说，38.10%的企业认为税率对企业生产经营产生一点妨碍，23.81%的企业认为没有妨碍，19.05%的企业认为有严重妨碍。总体而言，税率对工业企业生产经营的妨碍比对服务业的大。

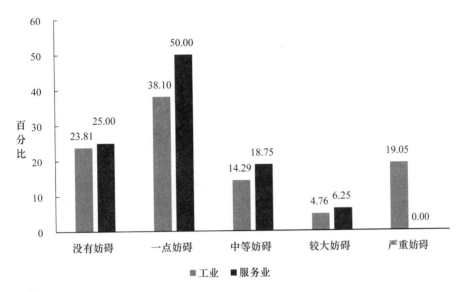

图4-28 按行业划分的税率妨碍企业生产经营的程度

本次调查显示（见图4-29），无论是工业还是服务业，中资企业整体上认为税收征收对企业生产经营有一定的影响，但影响不大。对服务业企业来说，37.50%的企业认为税收征收对企业生产经营没有妨碍。对工业企业来说，33.33%的企业认为税收征收对企业生产经营有一点妨碍。总体而言，税收征收对工业企业的妨碍比对服务业企业的大。

本次调查显示（见图4-30），对工业企业来说，近四成（38.10%）的企业认为，工商许可对企业生产经营没有妨碍及有一点妨碍。对服务业企业来说，31.25%的企业认为工商许可对企业生产经营没有妨碍，各有1/4的企业认为工商许可对企业生产经营有一点妨碍及中等妨碍。总体而言，工商许可对服务业企业产生的妨碍较大。

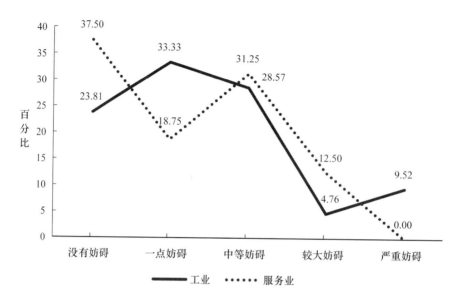

图 4 - 29 按行业划分的税收征收妨碍企业生产经营的程度

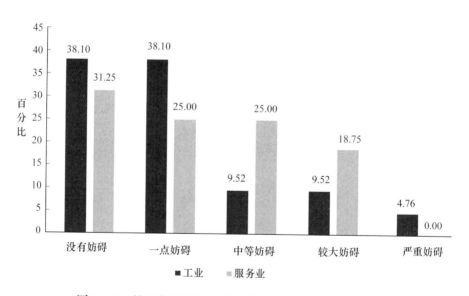

图 4 - 30 按行业划分的工商许可妨碍企业生产经营的程度

本次调查显示（见图4-31），对工业企业来说，33.33%的企业认为政治不稳定对企业生产经营有一点妨碍；对服务业企业来说，26.67%的企业认为政治不稳定对企业生产经营有一点妨碍及较大妨碍。服务业企业中，认为政治不稳定对企业产生中等、较大及严重妨碍的企业占比均高于工业企业。总体而言，政治不稳定对服务业企业产生的影响要大于对工业企业产生的影响。

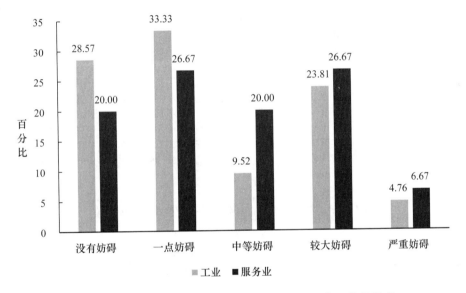

图4-31 按行业划分的政治不稳定妨碍企业生产经营的程度

本次调查显示（见图4-32），对工业企业来说，近四成（38.10%）企业认为腐败对企业生产经营有一点妨碍，33.33%的企业认为腐败对企业生产经营有较大妨碍。对服务业企业来说，37.50%的企业认为腐败对企业生产经营有较大妨碍。总体来看，腐败对服务业企业的影响大于对工业企业的影响。

本次调查显示（见图4-33），对工业企业来说，对土地许可妨碍生产经营程度的评价较为均匀，约1/3的企业认为土地许可对企业生产经营没有妨碍，各有23.81%的企业认为有一点妨碍和中等妨碍，各有9.52%的企业认为有较大妨碍及严重妨碍。对服务业企业来说，近七成（68.75%）的企业认为土地许可对企业生产经营没有妨碍，18.75%的企业认为有中等妨碍。总体看来，土地许可对工业企业的妨碍较大。

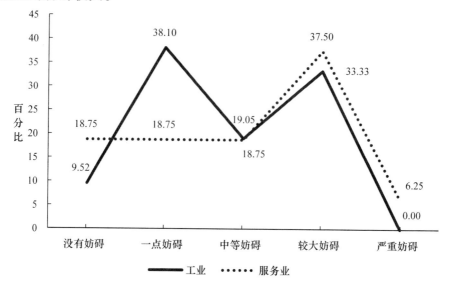

图 4-32　按行业划分的腐败妨碍企业生产经营的程度

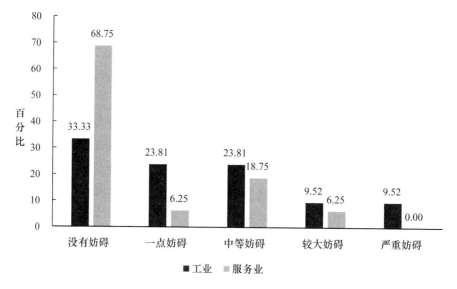

图 4-33　按行业划分的土地许可妨碍企业生产经营的程度

　　本次调查显示（见图4-34），政府管制与审批对服务业的影响
程度集中在中等妨碍（31.25%），一点妨碍与较大妨碍占比也低，
政府管制与审批对服务业企业的生产经营影响很大，两极上分布不明
显，集中体现在中等妨碍。对工业来说，近四成（38.10%）企业认
为政府管制与审批对企业生产经营造成一点妨碍。总体而言，在中
等、较大及严重妨碍上，服务业企业占比均高于工业企业，说明政府
管制与审批对服务业的影响比对工业的影响大。

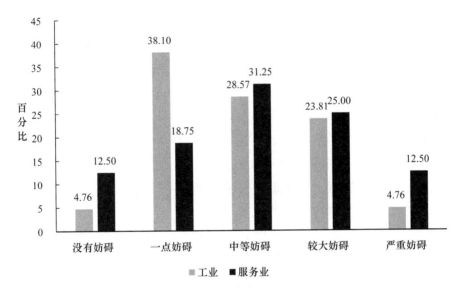

图4-34　按行业划分的政府管制与审批妨碍企业生产经营的程度

第四节　在菲中资企业投资风险分析

　　本次对在菲中资企业的调查显示（见表4-11），按行业类型划
分，95.24%的工业企业对菲律宾投资的可行性进行过考察，93.75%
的服务业企业对菲律宾投资的可行性进行过考察。不论是工业还是服
务业，说明绝大多数企业都对菲律宾投资进行过可行性考察。

表4-11　　　　企业是否进行过菲律宾投资的可行性考察状况　　（单位:%）

	有可行性考察	无可行性考察
工业	95.24	4.76
服务业	93.75	6.25
不在经开区	91.67	8.33
菲律宾经开区	100.00	0.00
其他	100.00	0.00
有女性高管	94.12	5.88
无女性高管	95.00	5.00

按是否在经开区分类，在菲律宾经开区和其他区域的企业，均对菲律宾投资的可行性进行过考察。不在经开区的企业，91.67%的企业进行过菲律宾投资的可行性考察。不论在经开区与否，绝大多数企业都会进行菲律宾投资可行性考察。

根据有无女性高管分类，有女性高管的企业，94.12%进行过菲律宾投资的可行性考察；没有女性高管的企业，95.00%进行过菲律宾投资的可行性考察。这说明不论有女性高管与否，绝大多数企业都会进行菲律宾投资可行性考察。

本次调查显示（见表4-12），按照行业分类，在企业投资之前，

表4-12　　　　　　企业投资前菲律宾考察类型　　　　（单位:%）

	市场竞争调查		菲律宾外国直接投资法律法规		菲律宾宗教、文化和生活习惯		菲律宾劳动力素质		其他方面考察	
	否	是	否	是	否	是	否	是	否	是
工业	10.00	90.00	5.00	95.00	25.00	75.00	10.00	90.00	80.00	20.00
服务业	6.67	93.33	13.33	86.67	26.67	73.33	26.67	73.33	73.33	26.67
不在经开区	13.64	86.36	9.09	90.91	36.36	63.64	22.73	77.27	77.27	22.73
菲律宾经开区	0.00	100.00	0.00	100.00	0.00	100.00	0.00	100.00	0.00	100.00
其他	0.00	100.00	9.09	90.91	9.09	90.91	9.09	90.91	72.73	27.27
有女性高管	12.50	87.50	18.75	81.25	37.50	62.50	25.00	75.00	81.25	18.75
无女性高管	5.26	94.74	0.00	100.00	15.79	84.21	10.53	89.47	73.68	26.32

90.00%的工业企业及93.33%的服务业企业会进行市场竞争调查，95.00%的工业企业及86.67%的服务业企业会对菲律宾外国直接投资法律法规进行考察，75.00%的工业企业及73.33%的服务业企业会对菲律宾的宗教、文化和生活习惯进行考察，90.00%的工业企业及73.33%的服务业企业会对菲律宾的劳动力素质进行考察。总体而言，进行投资之前，工业企业选择进行各项考察的要比服务业多。

按照是否在经开区分类，企业投资之前，所有在菲律宾经开区的企业都会选择对菲律宾各项指标进行考察。相比之下，进行投资之前，在菲律宾经开区的企业选择进行各项考察的要比不在经开区的企业多。

按照是否有女性高管分类，在企业投资之前，94.74%的没有女性高管的企业及87.50%的有女性高管的企业会进行市场竞争调查。没有女性高管的企业均会对菲律宾外国直接投资法律法规进行考察。84.21%的没有女性高管的企业及62.50%的有女性高管的企业会对菲律宾的宗教、文化和生活习惯进行考察。89.47%的没有女性高管的企业及3/4的有女性高管的企业会对菲律宾的劳动力素质进行考察。总体而言，进行投资之前，没有女性高管的企业选择进行各项考察的要比有女性高管的企业多。

本次调查显示（见表4-13），按行业分类，工业企业安全生产有额外支付费用的占71.43%，服务业占56.25%。这说明工业进行安全生产额外支付的比例比服务业高。

表4-13　　　　　　　**2017年企业安全生产额外支付**　　　　　（单位:%）

	安全生产有额外支付	安全生产无额外支付
工业	71.43	28.57
服务业	56.25	43.75
不在经开区	66.67	33.33
菲律宾经开区	0.00	100.00
其他	72.73	27.27
有女性高管	64.71	35.29
无女性高管	65.00	35.00

按是否在经开区分类，所有在菲律宾经开区的企业，安全生产都没有额外支付费用；不在经开区的企业，66.67%的企业安全生产有额外支付费用。这说明不在经开区的企业，进行安全生产额外支付的比例，比在经开区的企业高。

按有无女性高管分类，有女性高管的企业安全生产有额外支付费用的占比为64.71%，没有女性高管的企业占比为65.00%。有无女性高管，对企业来说，安全生产有额外支付的占比差不多。

本次调查显示（见表4-14），按行业分类，1/4的服务业企业发生过偷盗损失，14.29%的工业企业发生过偷盗损失，说明服务业企业发生偷盗损失的比例比工业的高。

表4-14　　　　　　　　2017年企业偷盗损失状况　　　　　（单位:%）

	发生过偷盗损失	未发生偷盗损失
工业	14.29	85.71
服务业	25.00	75.00
不在经开区	20.83	79.17
菲律宾经开区	0.00	100.00
其他	18.18	81.82
有女性高管	17.65	82.35
无女性高管	20.00	80.00

按是否在经开区分类，在菲律宾经开区的企业都没有发生过偷盗损失，不在经开区的企业有20.83%发生过偷盗损失。这说明在菲律宾经开区的企业比不在经开区的企业安全。

按有无女性高管分类，没有女性高管的企业，有1/5发生过偷盗损失；有女性高管的企业，17.65%发生过偷盗损失。这说明有无女性高管与企业是否产生偷盗损失没有太大的关系。

本次调查显示（见图4-35），超半数（51.35%）的中资企业管理层认为2017年菲律宾政治环境不好说，存在不稳定的风险。约两成（18.92%）的中资企业管理层认为2017年菲律宾政治环境比较稳定。仅有 5.41% 的中资企业管理层认为 2017 年菲律宾党派争斗比较激烈，经常发生冲突。

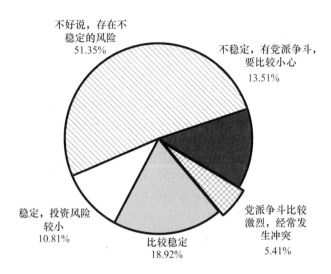

图 4 - 35 中资企业管理层认为 2017 年菲律宾政治环境情况

本次调查的在菲中资企业显示（见表 4 - 15），按行业类型分类，认为未来一年经营风险主要在于市场竞争上升的工业企业占 90.48%，

表 4 - 15　　　　企业未来一年经营风险主要方面及比重　　　（单位:%）

	员工工资增长	市场竞争上升	资源获取难度增加	研发后劲不足	政策限制加强	优惠政策效用降低或到期	政治环境变化	中资企业增多	产品或服务无话语权	其他方面
工业	23.81	90.48	19.05	0.00	38.10	4.76	19.05	85.71	9.52	9.52
服务业	12.50	87.50	12.50	6.25	31.25	0.00	50.00	37.50	18.75	25.00
不在经开区	20.83	87.50	12.50	4.17	29.17	4.17	25.00	75.00	8.33	20.83
菲律宾经开区	50.00	50.00	50.00	0.00	100.00	0.00	0.00	50.00	0.00	0.00
其他	9.09	100.00	18.18	0.00	36.36	0.00	54.55	45.45	27.27	9.09
有女性高管	23.53	82.35	11.76	0.00	23.53	0.00	41.18	58.82	23.53	17.65
无女性高管	15.00	95.00	20.00	5.00	45.00	5.00	25.00	70.00	5.00	15.00

服务业企业占87.50%；认为经营风险主要在于政策限制加强的工业企业占38.10%，服务业企业占31.25%。在这两项可能存在的风险上，工业与服务业差距并不大。85.71%的工业企业认为中资企业增多是未来一年经营风险的主要来源，仅有37.50%的服务业企业认为该风险是主因，说明工业企业面临中资企业的竞争压力大于服务业。

按是否在经开区分类，87.50%不在经开区的企业及50.00%在菲律宾经开区的企业认为，市场竞争上升是企业未来一年经营风险的主要方面。所有在菲律宾经开区的企业及近三成（29.17%）不在经开区的企业认为政策限制加强是企业未来一年经营风险的主要方面。这说明在菲律宾经开区的企业所面临的政策限制，大于不在经开区的企业，而不在经开区的企业所面临的市场竞争风险又大于在菲律宾经开区的企业。

按有无女性高管分类，选择市场竞争上升是企业未来一年经营风险主要方面的企业占比超过八成。没有女性高管的企业认为中资企业增多是企业未来一年经营风险主要方面的占70.00%。无论有女性高管与否，企业面临的市场竞争上升为未来一年主要的经营风险。

小　结

数据显示，从中资企业角度来看，菲律宾基础设施供给如水、电、网、建筑并不完善，无论企业是否设立在经济开发区，其发生断电、断水、断网等情况都没有明显的变化，需要支付非正规费用的比例也没有明显变化。这说明菲律宾的基础设施提供还不够。

从菲律宾公共服务供给来看，中资企业在菲律宾除了面临税务征收、稽查、出口许可证办理等政策因素，还需要面对因整体教育和技能培训水平不高所导致的管理人员或是技术人员招聘难度大和员工素质不高的难题，管理人员和技术人员招聘难度大对企业的负面影响超过政策因素。在税务稽查和相关证件办理过程中，无论是否位于开发区，支付一定的非正规费用是很多企业的常见做法，这表明菲律宾政府在打造廉洁高效的政务服务体系上还有很大的提升空间。中资企业管理层认为，菲律宾的政治情况仍存在不确定因素，未来企业经营风险主要来自政策限制的增加、菲国内政治环境的变化和中资同行涌入后所导致的竞争加剧。

第 五 章

菲律宾中资企业的社会责任

企业社会责任即企业对所有利益相关者负责，既包括外部的社会环境，也包括内部的企业员工。企业积极承担社会责任，不仅可以有效维护相关利益者的利益，帮助企业尽快融入当地，而且能对企业国际化形象起到积极推动作用。[①] 企业履行社会责任的水平已逐渐成为企业和国家软实力的一部分。本章从菲律宾中资企业社会责任的履行程度、管理制度及支出、海外宣传以及主要外资企业社会责任履行效果比较四个层面进行描述性分析，展现菲律宾中资企业社会责任的承担情况。

第一节　菲律宾中资企业社会责任的类别

企业社会责任强调企业在创造利润时既关注人的价值，也为社会做出一定贡献。本节将从企业承担外部社会责任和内部员工责任两个部分分析中资企业社会责任的履行程度。

一　中资企业对企业外部社会责任的履行程度

本次调研中，中资企业在回答 2018 年履行过哪一种/些社会责任

---

① 李方洁：《国有跨国企业社会责任实施的重要性》，《中国集体经济》2019 年第 20 期。

时，36 个有效样本数据显示（见图 5 - 1），超过三分之二（67.86%）的企业选择"以实物形式的公益慈善"方式；各有超过三分之一的企业（35.71%）选择"直接捐钱"和"教育援助"；其次，超过两成的企业选择"社会服务设施""基础设施援助""文化交流活动"方式；其他方式的被选择率较少（10% 以下）。由此可见，"实物形式的公益慈善"是多数企业选择的主要方式，即选择以"实物形式的公益慈善"方式承担社会责任的企业最多。此外，多数企业常用的方式还有"直接捐钱"和"教育援助"；在修建寺院和水利设施方面，相关援助最少（3.57%），仅有个别专业公司有所涉猎。整体而言，菲律宾中资企业承担的社会责任，首先体现在向小型项目提供物质和经济支持；其次体现在援助社会服务设施和文化交流活动，以促进两国间的人文沟通交流。相对而言，对修建寺院和水利设施等较大工程的援助较少，只有个别大型公司有所涉猎。

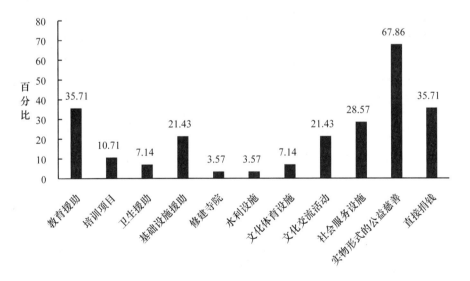

图 5 - 1 中资企业社会责任履行程度

二 中资企业对企业内部员工责任的履行程度

企业在关注人的价值过程中，员工的福利待遇和聚餐交流成为企业社会责任的重要部分之一。本书将"是否参与国际标准制定""企业行业类型""企业所在地区"和"是否有自身工会"四个变量作为自变量，将"是否有加班""是否有员工食堂或午餐安排""是否提供员工宿舍""是否有员工文体活动中心"四个变量作为因变量，综合分析中资企业履行员工福利待遇责任的情况。与此同时，仍将"是否参与国际标准化制定""企业行业类型""企业所在地区"和"是否有自身工会"四个变量作为自变量，而将"企业是否与员工聚餐"作为因变量，对企业承担员工聚餐交流责任进行描述性分析。

（一）中资企业履行员工福利待遇责任情况（见表 5 - 1）

表 5 - 1 企业福利待遇比较 （单位:%）

	是否有加班		是否有员工食堂或午餐安排		是否提供员工宿舍		是否有员工文体活动中心	
	是	否	是	否	是	否	是	否
参与国际标准制定	100.00	0.00	100.00	0.00	100.00	0.00	100.00	0.00
没有参与国际标准制定	100.00	0.00	70.00	30.00	75.00	25.00	40.00	60.00
工业	100.00	0.00	71.43	28.57	76.19	23.81	42.86	57.14
服务业	87.50	12.50	18.75	81.25	50.00	50.00	6.25	93.75
不在经开区	95.83	4.17	45.83	54.17	62.50	37.50	25.00	75.00
菲律宾经开区	100.00	0.00	100.00	0.00	100.00	0.00	100.00	0.00
其他	90.91	9.09	45.45	54.55	63.64	36.36	18.18	81.82
有自身工会	100.00	0.00	100.00	0.00	100.00	0.00	50.00	50.00
无自身工会	93.75	6.25	43.75	56.25	62.50	37.50	25.00	75.00

在企业员工加班方面，在"是否参与国际标准制定"变量下，36家企业全部有加班情况；在"企业行业类型"变量下，工业行业的企业加班现象（100.00%）比服务业（87.50%）更严重；在"企业所在地区"变量下，位于经济开发区的企业的加班情况（100.00%）相较于不在经济开发区（95.83%）和其他地区（90.91%）的企业更严重；在"是否有自身工会"变量下，可以发现有自身工会的企业（100.00%）比没有自身工会的企业（93.75%）加班更严重。可

见，不论何种变量下的中资企业，其加班情况都较为普遍。

在员工食堂或午餐安排方面，在"是否参与国际标准制定"变量下，参与国际标准制定的企业均有员工食堂或午餐安排，没有参与国际标准化制定的企业大部分（70.00%）有员工食堂或午餐安排，少部分（30.00%）没有安排；在"企业行业类型"变量下，工业行业的企业在员工食堂或午餐安排方面与服务业的企业大相径庭，大多数（71.43%）的工业企业都有安排，而大多数（81.25%）服务业企业没有安排；在"企业所在地区"变量下，位于经济开发区的企业全部（100.00%）有员工食堂或午餐安排，明显好于不在经济开发区的企业（45.83%）和其他地区的企业（45.45%）；在"是否有自身工会"变量下，有自身工会的企业全部（100.00%）有餐食安排，明显好于没有自身工会的企业（43.75%）。

在提供员工宿舍方面，在"是否参与国际标准制定"变量下，参与国际标准制定的企业全部（100.00%）提供员工宿舍，没有参与国际标准制定的企业中有四分之三（75.00%）提供员工宿舍、四分之一（25.00%）未提供；在"企业行业类型"变量下，工业企业有超过四分之三的企业（76.19%）安排了员工宿舍，将近四分之一（23.81%）没有安排，服务业企业则各占一半（50.00%）；在"企业所在地区"变量下，位于经济开发区的企业全部（100.00%）提供员工宿舍，不在经济开发区和其他地区的企业也有超过一半的比例提供员工宿舍，分别为62.50%和63.64%，但与经济开发区的企业还有不小差距；在"是否有自身工会"变量下，有自身工会的企业全部（100.00%）提供员工宿舍，好于无自身工会的企业（62.50%）。

在员工文体活动中心方面，各种情况差异较大。在"是否参与国际标准化制定"变量下，参与国际标准化制定的企业全部（100.00%）提供员工文体活动中心，没有参与国际标准化制定的企业只有四成比例（40.00%）配备，六成（60.00%）的企业没有配备；在"企业行业类型"变量下，工业企业有超过四成（42.86%）的企业配备，一多半（57.14%）的企业未配备；在"企业所在地区"变量下，位于经济开发区的企业全部（100.00%）具有员工文体活动中心，明显好于不在经济开发区的企业（25.00%）和位于其他地区的企业（18.18%）；在"是否有自身工会"变量下，有自身工会的企业在是否配有员工文体活动中心方面各占一半（50.00%），好于没有自身工会的企业仅有四分之一提供文体活动中心的情况。

（二）中资企业组织员工聚餐交流情况

在企业组织员工聚餐交流方面（见表5-2），各企业情况类似，相差不大。在"是否参与国际标准制定"变量下，企业无论是否参与国际标准制定，全部（100.00%）与员工进行过聚餐；在"企业行业类型"变量下，工业企业全部（100.00%）与员工进行过聚餐，绝大多数的服务业企业（93.75%）与员工进行过聚餐；在"企业所在地区"变量下，位于经济开发区的企业全部（100.00%）与员工进行过聚餐，不在经济开发区的企业绝大多数（95.83%）与员工进行过聚餐，位于其他地区的企业也全部（100.00%）与员工进行过聚餐；在"是否有自身工会"变量下，有自身工会的企业全部（100.00%）与员工聚过餐，没有自身工会的企业绝大多数（96.88%）也与员工进行过聚餐。整体而言，企业对员工社会责任的履行效果较为到位和理想，绝大多数在菲中资企业与员工进行过聚餐，以加强员工之间的沟通交流以及公司的凝聚力，只有少数有制度限制的企业未进行过员工聚餐。

表5-2   企业与菲律宾员工聚餐情况比较   （单位：%）

	与菲律宾员工聚餐	未与菲律宾员工聚餐
参与国际标准制定	100.00	0.00
没有参与国际标准制定	100.00	0.00
工业	100.00	0.00
服务业	93.75	6.25
不在经开区	95.83	4.17
菲律宾经开区	100.00	0.00
其他	100.00	0.00
有自身工会	100.00	0.00
无自身工会	96.88	3.13

第二节　菲律宾中资企业社会责任
规范化管理及支出变化

本书按照"是否参与国际标准制定""企业行业类型""企业所在地区"和"是否具有工会"四个变量作为自变量，按照"是否设置专门社会责任办公室或相应主管""是否建立社会责任、公益行为准则的规章制度""是否在公司年度计划中制订年度公益计划"三个变量作为因变量，对菲律宾中资企业社会责任的管理及制度情况进行描述性分析。

一　中资企业社会责任的管理及制度

（一）是否设置专门社会责任办公室或相应主管

本次调研的数据显示（见表5-3），在"是否参与国际标准制定"变量下，参与国际标准制定的企业设置专门社会责任办公室或相应主管的比例为0.00%，而没有参与国际标准制定的企业中，只有五分之一（20.00%）设置了专门社会责任办公室或相应主管，八成（80.00%）的企业均未设置。

表5-3　　　　中资企业建立社会责任管理规章制度及支出变化　　（单位：%）

	设置专门社会责任办公室或相应主管		建立社会责任、公益行为准则的规章制度		是否在公司年度计划中制订年度公益计划		2016—2018年企业社会责任支出变化	
	是	否	是	否	是	否	不变	增加
参与国际标准制定	0.00	100.00	0.00	100.00	0.00	100.00	0.00	0.00
没有参与国际标准制定	20.00	80.00	30.00	70.00	15.00	85.00	50.00	50.00
工业	19.05	80.95	28.57	71.43	14.29	85.71	50.00	50.00
服务业	25.00	75.00	21.43	78.57	20.00	80.00	33.33	66.67
不在经开区	16.67	83.33	22.73	77.27	13.04	86.96	0.00	100.00

续表

	设置专门社会责任办公室或相应主管		建立社会责任、公益行为准则的规章制度		是否在公司年度计划中制订年度公益计划		2016—2018年企业社会责任支出变化	
	是	否	是	否	是	否	不变	增加
菲律宾经开区	50.00	50.00	50.00	50.00	50.00	50.00	100.00	0.00
其他	27.27	72.73	27.27	72.73	18.18	81.82	50.00	50.00
有自身工会	25.00	75.00	50.00	50.00	50.00	50.00	50.00	50.00
无自身工会	21.88	78.12	23.33	76.67	12.90	87.10	33.33	66.67

在"企业行业类型"变量下，服务业企业在设置专门社会责任办公室或相应主管方面优于工业企业。有将近两成（19.05%）的工业企业设置了专门的社会责任办公室或相应主管，八成（80.95%）的企业未设置；有四分之一（25.00%）的服务业企业设置了专门社会责任办公室或相应主管，四分之三（75.00%）未设置。

在"企业所在地区"变量下，经济开发区内的企业在设置专门社会责任办公室或相应主管方面各占一半，即一半（50.00%）的企业有设置，一半（50.00%）的企业未设置；不在经济开发区的企业只有一成多（16.67%）设置，八成以上（83.33%）的企业未设置；位于其他地区的企业中，有27.27%的企业有设置，七成多（72.73%）未设置。

在"是否有自身工会"变量下，四分之一（25.00%）的有自身工会的企业设置了专门社会责任办公室或相应主管，四分之三（75.00%）没有设置；两成左右（21.88%）没有自身工会的企业设置了专门社会责任办公室或相应主管，八成左右（78.12%）未设置。

（二）是否建立社会责任、公益行为准则的规章制度

在"是否参与国际标准化制定"变量下，参与国际标准化制定的企业中，建立社会责任方面规章制度的比例为0.00%，没有参与国际标准化制定的企业只有三成（30.00%）建立了社会责任方面的规章制度。

在"企业行业类型"变量下，超过四分之一（28.57%）的工业企业和仅有五分之一左右（21.43%）的服务业企业建立了有关社会责任的规章制度，多数企业均未建立。

在"企业所在地区"变量下，位于经济开发区的企业一半（50.00%）建立了规章制度，一半（50.00%）没有建立；不在经济开发区的企业（22.73%）和位于其他地区的企业（27.27%）建立有关社会责任规章制度的比例均为四分之一左右，其他地区将近四分之三的企业（72.73%）未建立该方面的规章制度。

在"是否有自身工会"变量下，相比无自身工会的企业，有自身工会的企业建立社会责任规章制度的比例更大，为50.00%，而无自身工会的企业仅有不到四分之一（23.33%）制定了规章制度。

（三）是否在公司年度计划中制订年度公益计划

在"是否参与国际标准制定"变量下，参与国际标准制定的企业在公司年度计划中制订年度公益计划的比例为0.00%；未参与国际标准制定的企业中，只有一成多（15.00%）的企业在公司年度计划中制订了年度公益计划，大多数企业（85.00%）均未制订。

在"企业行业类型"变量下，工业企业中只有一成多在公司年度计划中制订了年度公益计划，服务业企业也只占两成，大多数均未制订。

在"企业所在地区"变量下，位于经济开发区的企业在公司年度计划中制订年度公益计划的比例相对较高，占到50.00%，而不在经济开发区和其他地区的企业只有不到两成的比例，分别为13.04%和18.18%。

在"是否有自身工会"变量下，有自身工会的企业在公司年度计划中制订年度公益计划的比例相对较高，占到50.00%，没有自身工会的企业中只有一成左右（12.90%），大多数企业（87.10%）均未制订。

二 中资企业承担社会责任的投入变化

本次调研的数据显示，在"是否参与国际标准制定"变量下，近三年来（2016—2018 年）菲律宾中资企业在社会责任方面的投入基本处于保持不变和有所增加的状态，投入减少的情况暂未出现；未参与国际标准化制定的企业中，一半企业（50.00%）的社会责任支出保持不变，一半企业（50.00%）的社会责任支出增加。

在"企业行业类型"变量下，一半（50.00%）的工业企业支出不变，一半（50.00%）的工业企业投入增加；33.33% 的服务业企业支出不变，66.67% 的服务业企业投入增加。

在"企业所在地区"变量下，位于经济开发区的企业，其社会责任支出全部（100.00%）保持不变；不在经济开发区的企业，其社会责任支出全部（100.00%）增加；位于其他地区的企业，一半（50.00%）保持不变，一半（50.00%）增加。

有自身工会的企业，一半企业（50.00%）的社会责任支出保持不变，一半企业（50.00%）的社会责任支出增加；没有自身工会的企业，33.33% 的企业社会责任支出不变，66.67% 的企业社会责任支出增加。

第三节　菲律宾中资企业社会责任的宣传

企业对社会责任履行结果进行海外宣传，有助于企业国际形象的营造。本节按照"是否参与国际标准制定""企业行业类型""企业所在地区""是否拥有自身工会"四个变量作为自变量，将"是否对社会责任进行海外宣传"作为因变量，统计分析菲律宾中资企业进行社会责任海外宣传的情况（见表5-4）。

表5-4　　　　　　　企业社会责任的海外宣传比较　　　　　（单位:%）

	对企业社会责任海外宣传过	对企业社会责任未海外宣传
参与国际标准制定	0.00	100.00
没有参与国际标准制定	45.00	55.00

	对企业社会责任海外宣传过	对企业社会责任未海外宣传
工业	42.86	57.14
服务业	37.50	62.50
不在经开区	41.67	58.33
菲律宾经开区	0.00	100.00
其他	45.45	54.55
有自身工会	50.00	50.00
无自身工会	37.50	62.50

一 是否参与国际标准制定变量下的社会责任海外宣传

参与过国际标准制定的企业中，所有的企业（100.00%）都未对企业社会责任进行过海外宣传，而在没有参与国际标准制定的企业中，不到一半的企业（45.00%）对企业社会责任进行过海外宣传，一半多的企业（55.00%）未向海外宣传过企业社会责任。

二 企业行业类型变量下的社会责任海外宣传

四成左右（42.86%）的工业企业对企业社会责任进行过海外宣传，接近六成的企业（57.14%）没有进行海外宣传；服务业的企业对企业社会责任海外宣传的力度相比工业企业更低，只有三分之一左右的企业（37.50%）进行过海外宣传，多数企业（62.50%）没有进行海外宣传。

三 企业所在地区变量下的社会责任海外宣传

所有位于菲律宾经济开发区的中资企业（100.00%）都未对企业社会责任进行过海外宣传，不在经济开发区的企业中，四成左右（41.67%）的企业向海外宣传过企业社会责任，接近六成（58.33%）的企业未宣传；位于菲律宾其他地区的企业相对较好，不到一半（45.45%）的企业对企业社会责任进行海外宣传，一半多（54.55%）的企业未向海外宣传企业社会责任。由此可见，向海外宣传企业社会责任的企业的地区性差异较大，位于首都马尼拉经济开发区的企业宣传力度最小，经济开发区之外的企业次之，而位于菲律宾首都之外的其他地区力度相对较大。

四　是否拥有自身工会变量下的社会责任海外宣传

有自身工会的中资企业在有无向海外宣传企业社会责任方面各占一半，一半的企业（50.00%）向海外宣传过企业社会责任，一半（50.00%）未曾宣传；没有自身工会的企业向海外宣传企业社会责任的力度相对较低，只有不到四成（37.50%）的企业有过宣传，六成左右（62.50%）的多数企业未曾有过此举。总体而言，位于菲律宾的中资企业在企业社会责任海外宣传方面的力度普遍较少，多数企业不重视企业社会责任海外宣传对企业的影响。

第四节　菲律宾主要外资企业社会责任履行效果比较

为比较菲律宾各国企业的社会责任履行效果，寻找中资企业的相对水平，本节以0分为最低分、10分为最高分的量表对菲律宾主要外资企业的社会责任履行效果进行测量。

综观菲律宾主要外资企业的社会责任履行效果（见图5-2），可见日资企业在菲律宾所有外资企业中履行社会责任的效果最好，均值可以达到8分，远超其他国家。中资企业排名第二，位于中上等的行列，均值在6.5分左右，领先美资企业，但与日资企业还有一段不可忽视的差距。英、德、法等欧洲国家企业的社会责任履行效果处于中等水平，基本不分伯仲。相对而言，印度企业的社会责任履行效果最差，均值只有4.18分，位于平均线以下。由此可见，日企在菲律宾履行社会责任的效果在所有外企中首屈一指，远超其他外企；中资企业处于中上游水平，超越欧美企业，但仍有一定进步空间；欧美企业基本处于中等水平，在可接受范围之内；印度企业在菲律宾履行社会责任的效果相对最差。

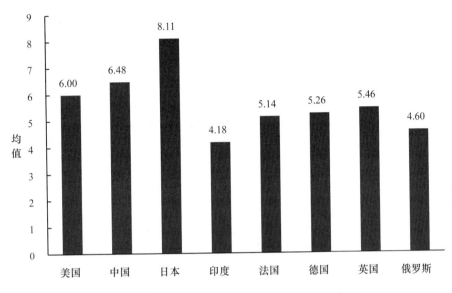

图 5 - 2　菲律宾外资企业社会责任履行效果对比

小　结

　　数据显示，菲律宾中资企业所承担的社会责任类别主要集中在慈善和捐助上，与主营业务的价值联系较少，企业可适当选择与主营业务相关的社会责任项目，以提高影响力和竞争力；在承担员工社会责任方面，参与国际标准制定的企业相比没有参与的企业福利待遇更高。工业企业、经济开发区内的企业以及拥有自身工会的企业，其工作条件相比服务业企业、经济开发区外的企业以及没有自身工会的企业更加艰苦，福利待遇相应较高。

　　中资企业社会责任的规范化管理水平还有提升空间，仅有较少企业设立主管部门和制定相关制度，较少有企业将社会责任完全整合到经营战略之中。因此，企业可适当选择能提升主营业务价值的社会责任项目，实现企业经营与社会责任的互利共赢。根据各企业近三年社会责任支出情况，可见企业对社会责任的承担有一定增加趋势，也可反映出企业对社会责任的意识有所增强，对社会责任的履行更加重视。

中资企业社会责任的海外宣传力度较弱，多数企业未对社会责任进行海外宣传。社会责任海外宣传的作用有限，中资企业应该适当提高社会责任履行效果的海外宣传，提高企业发展的影响力和竞争力。

通过菲律宾外资企业社会责任履行效果对比图显示，中资企业履行社会责任的效果为中上等水平，超越欧美企业，但与日本企业还有一定差距。中资企业仍须学习经验，规范管理，提高社会责任履行效果。

第 六 章

菲律宾中资企业的企业形象
与公共外交

　　企业形象一般是指企业实态在大众心目中的主观反映。[1] 它是企业宝贵的无形资产，是企业争取持续竞争优势的基本前提。[2] 企业很希望传递自己的特殊形象，但信息的接受才是重要的因素。[3] 因此，企业在创造和经营企业形象时，民众对中资企业的认可至关重要。为全面和客观了解菲律宾中资企业形象情况，本章从企业形象的基本因素、各国形象水平对比和宣传途径三个维度逐一分析。公共外交是企业创造发展机遇、克服发展困难的重要方式，对改善企业形象、增加品牌资本、提升企业竞争力具有重要作用。本章对企业高管与同类企业高管、当地行政长官、行业部门的政府领导、当地法规或行政管理部门的主要领导、政党的往来情况和菲律宾中资企业的公共外交情况进行描述性分析。

第一节　菲律宾中资企业形象

　　当地民众对企业产品和服务的认可度是企业形象营造的基础。为

---

①　陈尧坤、陈毅文：《企业形象研究综述》，《心理学动态》1999 年第 1 期。

②　周娟：《企业形象及其价值研究综述》，《商业经济》2010 年第 2 期。

③　［英］尼古拉斯·印德：《企业形象的策划战略》，陈朝生译，广东旅游出版社 1996 年版，第 9 页。

全面客观了解菲律宾中资企业形象的情况，问卷采用 0 分为最不认可、10 分为最认可的量表逐一测量菲律宾民众对中资企业的产品认可度和投资态度。

一 菲律宾中资企业形象的基本因素

（一）菲律宾民众对中资企业的产品认可度

本节将"企业注册时间""是否参与国际标准制定""企业行业类型""企业所在地区"和"是否有自身工会"作为自变量，分析菲律宾民众对中资企业产品的认可度。

调研数据显示（见表 6-1），注册时间为五年以上的中资企业，其产品认可度的均值位于 7 分左右（7.18），标准差为 1.22；注册时间不足五年的企业，其产品认可度的均值在 6 分左右（6.41），标准差为 1.44。由此可见，企业产品的认可度与企业注册时间呈正相关，即企业注册时间越长，产品认可度越高。参与国际标准制定的企业，其产品认可度的均值为 6.00 分，标准差为 0.00，即参与国际标准制定的所有企业，其产品认可度水平完全一致，且没有高低之分；没有参与国际标准化制定的企业，其产品认可度的均值为 7.16 分，标准差为 1.33，即没有参与国际标准化制定的企业的产品认可度平均水平处于 7 分上下。由此可见，没有参与国际标准制定的企业的产品认可度平均水平相较参与国际标准化制定的企业较高，幅度为 10 个百分点左右。工业企业产品认可度的平均值为 7.10 分，标准差为 1.32，即工业企业的产品认可度平均水平处于 7 分左右；服务业企业的产品认可度平均分值为 6.66 分，标准差为 1.34，即服务业企业的产品认可度平均水平处于 6 分左右。由此可见，工业企业的产品认可度平均水平较服务业企业更高。位于经济开发区的企业，其产品认可度平均值为 8.00 分，标准差为 0.00，即经济开发区内企业的产品认可度平均水平处于 8.00 分；位于马尼拉地区但不处于经济开发区的企业，其产品认可度的均值为 6.91 分，标准差为 1.41，即该地区企业的产品认可度平均处于 7 分左右；位于非首都非经济开发区的其他地区的企业，其产品认可度的均值为 6.80 分，标准差为 1.22，即该地区企业的产品认可度平均处于 7 分左右。由此可见，位于经济开发区的企业的产品认可度相对最高，位于马尼拉地区但不处于经济开发区的企业的产品认可度次之，其他地区企业的产品认可度最低。有自身工会的企业，其产品认可度的均值为 7.33 分，标准差为 0.57，即这些企业的产品认可度平均处于 7 分左右；没有自身工会的企业，其产品认可度的均值为 6.90 分，标准差为 1.39，即这些企业的产品认可度平均处于 7 分左右，由此可见，有自身工会企业的平均产品认可度比没有自身工会的企业更高。

表 6-1　　　中资企业管理者对本企业产品在菲律宾的认可度自评

	均值	标准差	最大值	最小值
注册超过五年	7.18	1.22	9	3
注册低于五年	6.41	1.44	8	4
参与国际标准制定	6.00	0	6	6
没有参与国际标准制定	7.16	1.33	9	3
工业	7.10	1.32	9	3
服务业	6.66	1.34	8	4
不在经开区	6.91	1.41	9	3
菲律宾经开区	8.00	0.00	8	8
其他	6.80	1.22	8	4
有自身工会	7.33	0.57	8	7
无自身工会	6.90	1.39	9	3

（二）菲律宾民众对中资企业投资的态度

数据显示（见图 6-1），当地居民对中资企业在当地投资的态度较为一般，四成左右（44.44%）的民众表示欢迎，2.78% 的民众表示比较欢迎，超过一半（52.78%）的民众呈现无所谓的态度。由此可见，只有不足一半（47.22%）的民众对中资企业在当地投资表示支持，一多半（52.78%）的民众对此的态度不确定。

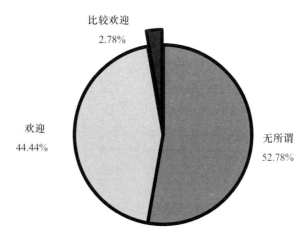

图6-1 当地居民对中资公司在菲律宾投资的态度

二 菲律宾中资企业管理者眼中的各国企业形象

企业形象作为企业的软实力之一，对企业发展具有至关重要的作用。本书以 0 分为最不受欢迎，10 分为最受欢迎，通过中资企业高管对菲律宾主要外资企业的形象进行估计测量。数据显示（见表6-2），日本企业形象的平均分最高，均值达到 8.02 分，标准差为 1.38，在各国企业中形象最好，且企业间的差异相对最小。美国企业的形象居于日本之下，均值为 7.77 分，标准差为 1.53，企业之间的差距并不

表6-2   国家形象打分对比

	均值	标准差	最大值	最小值
美国	7.77	1.53	10	4
中国	6.00	1.49	9	3
日本	8.02	1.38	10	3
印度	4.25	1.73	7	1
法国	5.75	2.04	8	1
德国	6.55	1.97	9	2
英国	6.05	2.22	8	1

显著。中国企业的形象均值为 6.00 分，标准差为 1.49，基本与英、法、德的欧洲企业相当，在主要外资企业中只能占到中等水平，企业之间形象并无显著差异。印度企业在菲律宾的形象最差，均值只有 4.25 分，标准差为 1.73，列于不太受欢迎的行列。由此可见，日本企业的形象在所有外资企业中最高；美国次之；中资企业与英、法、德的欧洲企业水平相当，但距日本企业还有一定差距；印度企业的形象相对最差，最不受欢迎。

三　中资企业形象的宣传途径及力度

（一）宣传途径

中资企业在企业形象宣传过程中，多数采用当地受欢迎的新媒体方式。通过对比中资企业形象的宣传方式，可以发现，接近四成（37.84%）的企业采用推特或脸书新媒体方式，还有接近三成的企业采用在菲华人媒体方式进行宣传。菲律宾本地媒体也是中资企业形

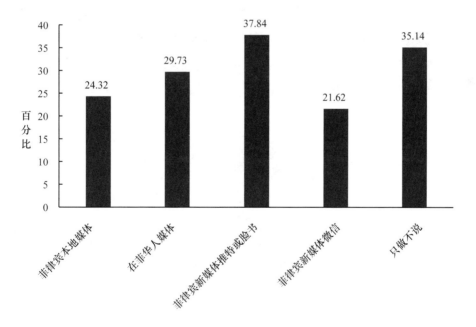

图 6-2　企业形象宣传手段对比

象宣传的主要方式之一，有接近四分之一的企业采用。在菲律宾，使用微信新媒体方式的企业最少，只有约五分之一的企业采用该方式。不可忽视的是，三成多（35.14%）的企业在企业形象创造方面只做不说。由此可见，中资企业在形象宣传方面主要采用当地民众最受欢迎的推特和脸书新媒体方式，其次是阅读量较多的华人媒体和本地媒体，并且有一部分企业只以实际行动创造企业形象却不在媒体进行宣传。

（二）宣传力度

由上可知，新媒体是中资企业用于形象宣传最普遍的方式。在众多新媒体方式中，各企业使用的力度和宣传力度究竟如何？调查结果显示（见图6-3），三分之一左右（34.29%）的企业只使用一种社交媒体账号进行社交和形象宣传，三成左右（31.42%）的企业拥有两种及以上的社交媒体账号进行社交和宣传，同时也有约三分之一（34.29%）的企业不采用社交媒体账号进行社交和宣传。可见，七成左右的企业拥有社交媒体账号用于社交和形象宣传，这也印证了新媒体已成为多数在菲中资企业宣传企业形象的方式。但不可回避的是，拥有两个及以上公众账号的企业只有少数的三分之一，其他企业应该充分利用新媒体便捷有效的优势，加大企业形象宣传。

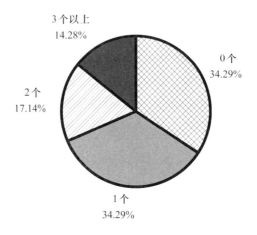

图6-3　菲律宾中资企业社交媒体公众账号数量比较

第二节　菲律宾中资企业的公共外交

本节采用企业与"同类企业高管""当地行政长官""行业部门的政府领导""当地规则制定或行政管理部门领导""政党"五个变量的往来情况分析菲律宾中资企业的公共外交情况。相对而言，企业的行业类型和地区差异与企业外交关系紧密，而是否制定国际规则和有无自身工会等变量的意义不大。因此，本书采用行业类型和企业所在地区作为自变量对菲律宾中资企业的对外交往情况（因变量）进行描述性统计分析。

一　中资企业与菲律宾同类企业高管的往来

数据显示（见表6-3），四成左右（38.10%）和约三分之一（33.33%）的工业企业与同类企业的高管有往来或往来频繁，三成左右（28.57%）的企业较少往来或没有往来；四成左右（37.50%、43.75%）的服务业企业与同类企业的高管有往来或往来频繁，18.75%的企业没有往来或较少往来。由此可见，不论是服务业还是工业企业，大多数都与同类企业的高管有往来，只有少数的二三成企业的高管较少往来及没有往来。若两者相较，服务业企业的往来程度（81.25%）比工业企业（71.43%）更加频繁，差异为10个百分点左右。

表6-3　　　　　　**企业与菲律宾同类企业高层管理者的往来情况**　　　　（单位:%）

	没有往来	较少往来	有往来	往来频繁
工业	9.52	19.05	38.10	33.33
服务业	6.25	12.50	37.50	43.75
不在经开区	8.33	20.83	41.67	29.17
菲律宾经开区	50.00	0.00	50.00	0.00
其他	0.00	9.09	27.27	63.64

位于菲律宾经济开发区的企业，一半（50.00%）与同类企业有往来，一半（50.00%）无往来；不在经济开发区的企业，四成左右（41.67%）和三成左右（29.17%）有往来和往来频繁，三成左右（29.16%）较少往来或没有往来；位于其他地区的企业，所有企业均与同类企业高管有往来，其中接近三成（27.27%）和超过六成（63.64%）有往来和往来频繁，只有不到一成的企业（9.09%）较少往来。由此可见，中资企业与同类企业高管的交往程度和地区差异性较为相关。也就是说，位于经济开发区有利位置的企业与同类企业高管的交往程度相对较少，而位于其他偏远地区的企业需要与同类企业高管频繁往来加强信息沟通与交流，弥补地区劣势。

二 中资企业与所在地行政长官的往来

数据显示（见表 6 - 4），各有四分之一左右（23.81%、28.57%）的工业企业与企业所在地行政长官正常往来或往来频繁，四成左右（38.10%）和一成左右（9.52%）的企业较少往来和没有往来；四分之一（25.00%）和两成左右（18.75%）的服务业企业与当地的行政长官有往来和往来频繁，三成左右（31.25%）和四分之一（25.00%）的企业较少往来和没有往来。由此可见，对于企业与当地行政长官的往来程度来说，一半左右（52.38%）的工业企业正常往来或往来频繁，只有四成左右（43.75%）的服务业企业正常往来或往来频繁。工业企业与当地行政长官的往来程度高于服务业企业，幅度为 10 个百分点左右。

表 6 - 4　　　　　　企业与所在地行政长官的往来情况　　　　　（单位:%）

	没有往来	较少往来	有往来	往来频繁
工业	9.52	38.10	23.81	28.57
服务业	25.00	31.25	25.00	18.75
不在经开区	16.67	33.33	29.17	20.83
菲律宾经开区	0.00	50.00	0.00	50.00
其他	18.18	36.36	18.18	27.27

位于菲律宾经济开发区的企业，所有企业都与当地行政长官有往来，一半（50.00%）的企业往来频繁，一半（50.00%）的企业较少往来；不在经济开发区的企业，有三成左右（29.17%）和两成左右（20.83%）的企业与当地行政官员有往来和往来频繁，一半（50.00%）的企业较少往来或没有往来；位于其他地区的企业，接近两成（18.18%）和不到三成（27.27%）的企业与当地行政官员有往来和往来频繁，超过一半的比例（54.54%）较少往来或没有往来。由此可见，企业与当地行政长官的往来程度和经济开发区便捷的地理位置和管理不无关系。这体现在位于经济开发区的企业与当地行政长官的往来程度相对最为频繁，其次为不在经济开发区的企业，位于其他偏远地区的企业的往来程度相对最弱。

三 中资企业与菲律宾行业部门政府领导的往来

数据显示（见表6－5），四成左右（42.86%）和四分之一左右（23.81%）的工业企业与行业部门的政府领导有往来和往来频繁，一成左右（14.29%）和接近两成（19.05%）的企业较少往来和没有往来；四分之一（25.00%）和两成左右（18.75%）的服务业企业与行业部门政府领导有往来和往来频繁，接近四成（37.50%）和接近两成（18.75%）的企业较少往来和没有往来。由此可见，对于企业与行业部门政府领导的往来程度，三分之二左右（66.67%）的工业企业有往来或往来频繁，只有四成左右（33.75%）的服务业企

表6－5　　　　企业与菲律宾行业部门的政府领导的往来情况　　　（单位:%）

	没有往来	较少往来	有往来	往来频繁
工业	19.05	14.29	42.86	23.81
服务业	18.75	37.50	25.00	18.75
不在经开区	16.67	25.00	37.50	20.83
菲律宾经开区	100.00	0.00	0.00	0.00
其他	9.09	27.27	36.36	27.27

业没有往来或较少往来。由此可见，工业企业比服务业企业更多地与行业部门的政府领导往来、洽谈项目，差异幅度超过 20 个百分点（22.91%）。

位于菲律宾经济开发区的企业，全部都未与行业部门的政府领导往来；不在经济开发区的企业，接近四成（37.50%）和两成左右（20.83%）的企业有往来和往来频繁，有四成左右（41.67%）的企业较少往来或没有往来；位于其他地区的企业，超过三分之一（36.36%）和接近三成（27.27%）的企业正常往来和往来频繁，超过三分之一（36.36%）的企业较少往来或没有往来。由此可见，位于经济开发区的企业与行业部门的政府领导没有联系，不在经济开发区的企业有超过一半（58.33%）的企业与行业部门正常往来或往来频繁，位于其他地区的企业，有三分之二左右（63.63%）达到正常及以上的往来程度。可见，位于集中管理的经济开发区的企业与行业部门政府领导的联系最少，而呈分散状态的企业，其往来程度相对更多。

四 中资企业与当地规则制定或行政管理部门主要领导的往来

数据显示（见表 6 - 6），四成左右（42.86%）和一成多（14.29%）的工业企业与当地规制或行政管理部门领导正常往来和往来频繁，三分之一（33.33%）和接近一成（9.52%）的企业较少往来和没有往来；四分之一（25.00%）和超过一成（12.50%）的服务业企业与行业部门政府领导有往来和往来频繁，同时各有三分之一左右（31.25%）的企业较少往来和没有往来。由此可见，对于企业与行业部门政府领导的往来程度，超过一半（57.15%）的工业企业正常往来或往来频繁，只有四成左右（37.50%）的服务业企业正常往来或往来频繁。工业企业与当地规制或行政管理部门主要领导的往来程度远超服务业行业，差异幅度为 20 个百分点左右（19.65%）。

表 6 - 6　　　　企业与当地规制或行政管理部门主要领导的往来情况　　（单位:%）

	没有往来	较少往来	有往来	往来频繁
工业	9.52	33.33	42.86	14.29
服务业	31.25	31.25	25.00	12.50
不在经开区	20.83	37.50	33.33	8.33
菲律宾经开区	0.00	50.00	50.00	0.00
其他	18.18	18.18	36.36	27.27

位于菲律宾经济开发区的企业，所有企业都与当地规则制定或行政管理部门主要领导有往来，一半（50.00%）正常往来，一半（50.00%）较少往来；不在经济开发区的企业，有三分之一（33.33%）和不到一成（8.33%）有往来和往来频繁，超过一半的企业（58.33%）较少往来或没有往来；位于其他地区的企业，超过三分之一（36.36%）和超过四分之一（27.27%）正常往来和往来频繁，三分之一左右（36.36%）较少往来或没有往来。由此可见，位于经济开发区的企业与当地规则制定或行政管理部门领导的往来情况基本处于一般状态，既不较少也不频繁；不在经济开发区的企业，有较少一部分（8.33%）往来频繁，多数为有往来和较少往来；位于其他地区的企业，其往来频繁的企业最多（27.27%），正常往来和往来频繁的比例也最大（63.63%）。

五　中资企业与菲律宾政党的往来

（一）按行业类型划分

本次调研的数据显示（见图 6 - 4），八成（80.00%）的工业企业未与菲律宾政党有所交往，只有一成的企业有所往来，一成的企业较少往来，而对于服务业企业，所有的企业（100.00%）都未与政党往来。由此可见，大多数的菲律宾中资企业基本不与政党往来或较少往来，只有一小部分正常往来，主要是因为企业内部的菲律宾籍高管是政党领导人或与政党有所联系。

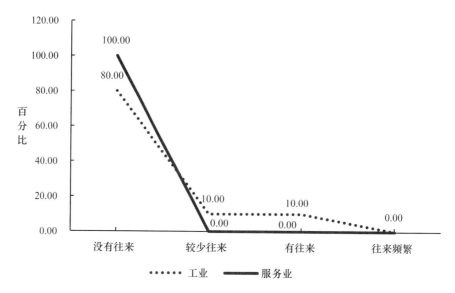

图6-4 按行业划分的企业与该政党领导交往程度的对比

（二）按地区划分

数据显示（见图6-5），位于经济开发区和其他地区的企业全部

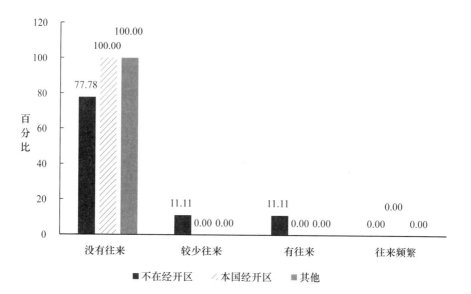

图6-5 按是否在经济开发区划分的企业与该政党领导交往程度的对比

（100.00％）都未与政党往来；不在经济开发区的企业中，有接近八成（77.78％）未与政党往来，只有一成左右（11.11％）的企业正常往来或较少往来。由此可见，位于马尼拉市区的企业与政党的联系相对较多，而位于经济开发区和其他地区的企业未曾与政党打交道。这与政党及其成员主要分布和活动于马尼拉市区相关。

第三节　菲律宾政治环境分析

中资企业高管对菲律宾目前的政治环境有自己的评估，本次调研专门对这一问题进行访谈。数据显示（见图 6 - 6），一半左右（51.35％）的中资企业高管认为菲律宾目前的政治环境存在不稳定的风险；超过一成（13.51％）的高管认为不稳定，各政治党派之间存在冲突，引发争端；也有接近两成（18.92％）的高管认为比较稳定；有十分之一左右（10.81％）的高管认为稳定，投资风险较小。由此可见，整体而言，中资企业高管对菲律宾的政治环境持相对保守

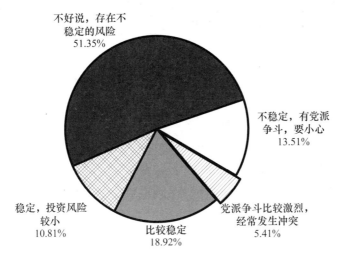

图6－6　企业管理层认为的菲律宾政治环境情况

的态度，七成左右（70.27%）的高管认为菲律宾的政治环境存在不稳定风险，对投资造成的不良影响不可忽视；只有二成左右（18.92%）的高管认为菲律宾的政治环境比较稳定，适于合理投资；仅有一成左右（10.81%）的高管认为菲律宾的政治环境稳定，投资风险较小，利于投资。菲律宾政治环境及其不确定性对中资企业，特别是重资产项目有较大的影响。可喜的是，从本次调研的数据来看，中资企业高管对此有较为客观的认识和评估。

小　结

整体而言，菲律宾中资企业的形象水平较为一般，基本处于合格水平。当地民众对中资企业产品和投资的认可度与理想情况还有差距。相对而言，产品认可度好于对投资的认可度，可见中资企业应努力提高企业形象，改善当地民众对其的认知。

与菲律宾其他主要外资企业的形象进行比较，可以发现中资企业的形象在众外资企业中只能占到中等水平，与日本和美国有不小差距，但好于个别欧洲企业和印度企业。

菲律宾中资企业在形象宣传方面，多数采用当地受欢迎的新媒体形式。传统的华人媒体和当地媒体，也是主要方式之一。不可忽视的是，仍有不少企业没有任何形象宣传，他们只做不说，类似的做法并不利于树立良好的企业形象。

在公共关系方面，菲律宾中资企业与同类企业高管的沟通交流最为频繁，与行业部门政府领导和当地规制或行政管理部门主要领导的洽谈也相对较多，而单纯与当地行政长官的往来相对较少。较为特殊的是，各企业与政党之间的往来最少，这与政党的不稳定性有关，也与中方企业不愿与当地政党交往有关。

第七章

菲律宾中资企业员工的就业与收入

本次调研过程中，共对 36 家中资企业的 750 名菲律宾籍员工进行了问卷调查。中资企业的菲律宾籍员工与中资企业和中方人员接触最多，对中资企业和中方人员的了解最深，可以说是中菲民心相通的先行者和使者。他们在中资企业工作的感受、看法以及由此形成的对中国和中国人的看法有着极端重要的价值，既反映了当前菲律宾人对华的看法，也是开展中菲经贸联通和民心相通的试验田。需要说明的是，尽管被调研员工总样本数是 750 人，但有些问题的总样本数 (N) 小于 750 人，这是因为部分员工对某些问题拒绝回答。

第一节　职业经历和工作环境

菲律宾员工问卷中的第一部分是了解员工的职业发展和对工作环境的看法。在 750 位菲律宾受访员工中，非管理人员占据大多数，达到总数的 89.95%；管理人员相对较少，占总数的 10.05%。

图 7-1 显示的是员工在当前企业的工作时长分布。可以看出，员工在当前企业的工作时长存在差异。其中，在当前企业工作两年的员工占比为 33.60%，达到三成以上。其次就是在当前企业工作超过四年的员工比例为 26.80%，工作一年的员工比例为 18.13%，13.60% 的员工在当前企业工作了三年。在当前企业工作四年的员工

占比不足一成，仅为 7.87%。总体来看，在当前企业工作两年的员工较多，其次为工作四年以上的员工，工作四年的员工相对较少。

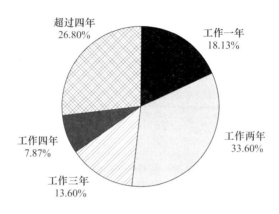

图 7 - 1　员工在当前企业的工作时长分布（N = 750）

表 7 - 1 所示的是员工获得现工作的主要途径。可以看到，员工获得现工作的途径有多种。根据对 750 个员工的调查情况得出，283 个员工是直接来企业应聘，占比 37.73%，是员工获得现工作最主要的途径。同时，有 28.13% 的员工通过亲戚朋友介绍从而获得现在的工作。有一成以上（12.53%）的员工通过在职业介绍机构登记求职

表 7 - 1　　　　　　　　员工获得现工作的主要途径　　　　　　（单位：个、%）

获得此工作的主要途径	频数	百分比
在职业介绍机构登记求职	94	12.53
参加招聘会	17	2.27
通过学校就业中心	2	0.27
看到招聘广告	71	9.47
通过亲戚朋友	211	28.13
直接来企业应聘	283	37.73
雇主直接联系	53	7.07
其他	19	2.53
合计	750	100.00

获得现工作。通过学校就业中心、参加招聘会或其他途径获得工作的员工比例较小，特别是通过学校就业中心获得工作的比例仅占0.27%。最后，有2.53%的员工通过其他途径获得现工作。

综上所述，通过亲戚朋友和直接来企业应聘是员工获得现工作的主要途径，只有极少数员工通过学校就业中心获得现在的工作，参加招聘会获得现工作的比例只有2.27%。

表7-2显示的是对员工家人在本企业工作人数的调查结果。在750位员工中，有一个家人在本企业工作的员工有84人，占比为53.50%，比例最大；有35个员工有两个家人在本企业工作，比例为22.29%；有四个以上家人在本企业工作的员工数量为26个，占比16.56%；而有三个家人在本企业工作的员工比例最少，不足一成。总体来看，有一个家人在本企业工作的员工数量最多，占五成以上，相比而言，有三个家人在本企业工作的员工比例最低，仅为7.64%。除此之外，378位员工只有其本人在该企业工作，占员工总数的一半以上。

表7-2	员工家人在本企业的数量	（单位：个、%）
有几个家人在本企业	频数	百分比
一个	84	53.50
两个	35	22.29
三个	12	7.64
四个以上	26	16.56
合计	157	100.00

在日常工作中，使用电脑的女员工比例为88.43%，是使用电脑的男员工的近三倍，男员工中有近七成（69.49%）的人不使用电脑。可以看出，女员工在日常工作中使用电脑的比例较大，远远高于男员工，这可能意味着女员工从事文职和管理工作的可能性更高一些（如表7-3所示）。

表7-3　　　　　按性别划分的员工日常工作使用电脑状况　　　　（单位:%）

日常工作是否使用电脑	男	女
是	30.51	88.43
否	69.49	11.57
合计	100.00	100.00

$N = 750$。

　　从统计数据来看，在中资企业工作的菲律宾员工具有以下特点：第一，员工大多通过亲戚朋友和直接来企业应聘获得现工作，并在现在的企业工作两年的员工人数最多；第二，在日常工作过程中，女员工使用电脑的人数远多于男员工。

第二节　工作时间、职业培训与晋升

　　工作时间和职业培训与晋升机会是员工对雇主满意度的重要影响因素，也是影响员工在企业工作长短的重要因素。表7-4所示的是按性别划分的管理人员和非管理人员分布情况。在男员工中，近一成（9.50%）的员工是管理人员，而在女员工中，有一成以上（11.20%）的员工是管理人员，女员工从事管理的人数比例略高于男员工。从整体上看，无论是男员工还是女员工，都有一成左右的员工是管理人员，但是女员工中管理人员的比例略高于男员工。

表7-4　　　　　按性别划分的管理人员与非管理人员分布情况　　　　（单位:%）

是否为管理人员	男	女
是	9.50	11.20
否	90.50	88.80
合计	100.00	100.00

$N = 746$。

表 7 - 5 显示了按性别划分的员工入职后接受培训的情况，其中，男员工接受最多的培训是安全生产，比例为 40.16%，女员工接受安全生产的比例为 18.18%，由此可见，企业更注重男员工安全生产的培训。可能是由于工作性质不同，企业不太注重员工的写作能力培养，男员工接受写作能力培养的比例仅为 2.17%，女员工接受写作能力培训的比例略高，为 4.13%。在管理技能、人际交往技能、职业道德、中文读写、英文读写、计算机技能及其他技能的培训中，女员工的比例都超过男员工。而在技术性技能培训中，男员工的比例为 13.19%，略高于女员工的比例。在全体员工中没有接受过培训的员工占了四成以上，近一半的员工没有进行培训。

表 7 - 5　　　　按性别划分的员工入职后的参与培训内容（多选题）　　　（单位:%）

入职后培训或进修内容	男	女
管理技能	10.04	16.94
人际交往技能	8.86	16.53
写作能力	2.17	4.13
职业道德	12.80	19.42
中文读写	2.76	10.33
英文读写	1.57	6.61
计算机技能	2.56	7.44
技术性技能	13.19	7.44
安全生产	40.16	18.18
其他培训	2.17	4.55
没有培训	42.72	44.63

$N = 750$。

综合来看，员工在入职后，有四成以上的没有进行过培训，培训内容最多的是安全生产培训。同时，在很多培训或进修内容中，女员工的比例高于男员工。

按性别划分，对员工最近一次培训内容调查显示（见表 7 - 6），大多数（65.05%）男员工最近一次参加的是安全生产培训，也有

29.85%的女员工参加了同一内容的培训。与此同时，企业比较注重对女员工进行职业道德培训和管理技能培训，有超过两成（28.36%）的女员工近期参与了职业道德培训，也有29.10%的女员工最近一次参加的培训是管理技能培训。企业对男员工的培训中，最近一次的培训内容包括写作能力、中文读写和英文读写方面的比例均低于5%。企业更注重对男员工进行安全生产和技术性技能的培训，有65.05%和20.07%的男员工近期分别参加了安全生产培训和技术性技能的培训。

表7-6　　　　按性别划分的员工最近一次的培训内容（多选题）　　　（单位:%）

最近一次训练的内容	男	女
管理技能	14.19	29.10
人际交往技能	13.15	23.13
写作能力	2.77	5.97
职业道德	18.69	28.36
中文读写	3.81	16.42
英文读写	1.38	11.19
计算机技能	3.81	9.70
技术性技能	20.07	11.19
安全生产	65.05	29.85
其他培训	3.81	5.97
没有培训	5.54	4.48

$N = 423$。

总体而言，最近参加培训的女员工比例高于男员工。近七成的男员工最近一次参加了安全生产培训。男员工更注重安全生产和技术性技能的培训，女员工更注重安全生产和职业道德的培训，但是男女员工都不注重写作能力的培训。女员工最近一次参加管理技能、人际交往技能、职业道德、中文读写、英文读写、计算机技能及其他方面技能的比例略高于男员工。

对747名员工的调查显示，进入企业后，男员工和女员工获得职业晋升的机会相差无几。具体而言，28.06%的男员工获得职业晋升，

26.97%的女员工获得职业晋升。在职业晋升中,男员工和女员工的比例只差约1%,如表7-7所示。

表7-7　　　　　　　　　按性别划分的员工职业晋升状况　　　　　　(单位:%)

进入本企业后是否有职业晋升	男	女
是	28.06	26.97
否	71.94	73.03
合计	100.00	100.00

N = 747。

　　总的来看,无论男员工还是女员工,大多数员工进入企业后没有职业晋升,不足三成的员工有职业晋升的机会。同时,也可以看到,男员工的晋升机会稍多于女员工。

　　表7-8统计了管理人员和非管理人员上月平均每周工作天数的情况。可以得出,无论是否为管理人员,都是上月平均每周工作6天的员工比例最高。其中,管理人员的这一比例为49.33%,非管理人员为66.37%。在上月平均每周工作5天的情况中,管理人员占37.33%,非管理人员占14.65%。管理人员和非管理人员每天都在工作的比例分别为13.33%和18.24%。管理人员平均每周工作不足4天的比例为0.00%;非管理人员也很少有人上月平均每周工作少于四天,平均每周工作不足3天和4天的比例分别为0.30%和0.45%。

表7-8　　　　管理人员与非管理人员上月平均每周工作天数的差异　　　(单位:%)

上月平均每周工作天数	管理人员	非管理人员
<3	0.00	0.30
4	0.00	0.45
5	37.33	14.65
6	49.33	66.37
7	13.33	18.24
合计	100.00	100.00

N = 744。

综上所述，管理人员上月平均每周工作至少 5 天，大多数工作 6 天，超过一成的管理人员需要工作 7 天。非管理人员上月平均每周工作 6 天的比例占六成以上，工作 5 天和 7 天的频率也都超过 10%，只有极少数员工上月平均每周工作天数不足 4 天。

从统计数据可以看出，在中资企业工作的菲律宾籍管理人员上月平均每周工作至少 5 天，大多数工作 6 天。而且，在管理人员中，女员工比例高于男员工，非管理人员上月平均每周工作 6 天的比例占六成以上。

第三节　工会组织与社会保障

社会保障是员工求职关注的重点之一。好的社会保障能吸引员工长期在企业工作，提高企业的美誉度。本次调研所采访的 750 位员工中，80.37% 的调研对象与所在企业签订了就业协议或者合同，19.63% 的员工未与现企业签订合同。

调查数据显示，在 106 名员工中，超过半数（52.83%）的员工加入了企业工会。其中，近六成（59.76%）的男员工加入了企业工会，而大多数（70.83%）女员工没有加入企业工会，仅有 29.17% 的女员工加入了企业工会。加入企业工会的男员工比例远远高于女员工，是加入企业工会的女员工比例的近两倍，详见表 7－9。

表 7－9　　　　　按性别划分的员工加入企业工会状况　　　　（单位：%）

本人是否加入企业工会	男	女	总计
是	59.76	29.17	52.83
否	40.24	70.83	47.17

$N = 106$。

如表 7－10 所示，在调查的 742 名员工中，只有极少数员工

（4.18%）加入了行业工会，绝大多数员工（95.55%）没有加入行业工会。其中，加入行业工会的男员工比例稍多于女员工。具体而言，5.56%的男员工加入行业工会，仅有1.26%的女员工加入行业工会。绝大多数员工出于各种原因并未加入行业工会，其中男员工占94.25%，女员工占98.32%。

表7-10　　　　　　按性别划分的员工加入行业工会状况　　　（单位:%）

本人是否加入行业工会	男	女	总计
是	5.56	1.26	4.18
否	94.25	98.32	95.55
当地没有行业工会	0.20	0.42	0.27

N=742。

调查结果显示，绝大多数员工享有社会保障，其中享有社会保障的管理人员比例比非管理人员高近一成。具体而言，享有社会保障的管理人员比例为87.84%，非管理人员享有社会保障的比例为76.66%，还有12.16%的管理人员和23.34%的非管理人员没有享有社会保障，如表7-11所示。

表7-11　　　　管理人员与非管理人员是否享有社会保障　　　（单位:%）

是否享有社会保障	管理人员	非管理人员
是	87.84	76.66
否	12.16	23.34
合计	100.00	100.00

N=738。

表7-12显示了管理人员和非管理人员享有的社会保障类型调查情况，各类人员享有医疗保险的比例最高，超过八成的员工享有医疗保险。其中，管理人员享有医疗保险的比例为86.15%，非管理人员的比例为85.07%。非管理人员享有养老保险的比例几乎是管理人员

的两倍。对于其他社会保障，管理人员享有的比例为 16.92%，非管理人员为 9.82%。管理人员中没有不清楚自己所享有的各种社会保障措施的，而有 1.97% 的非管理人员不清楚其享有的社会保障。

表 7 - 12　　　管理人员与非管理人员享有的社会保障类型（多选题）　　（单位:%）

享有哪些社会保障	管理人员	非管理人员
医疗保险	86.15	85.07
养老保险	15.38	27.31
其他保险	16.92	9.82
不清楚	0.00	1.96

$N = 574$。

综合来看，大多数管理人员和非管理人员享有医疗保险，享有养老保险和其他社会保障的比例相对较少。

在当地存在行业工会的条件下，总体来说，员工加入行业工会的比例很低，无论是管理人员还是其他员工，都有九成以上的员工没有加入行业工会。仅有 5.33% 的管理人员加入了行业工会，加入工会的非管理人员比例低于管理人员，仅为 4.06%，如表 7 - 13 所示。

表 7 - 13　　　　管理人员与非管理人员加入行业工会状况　　　（单位:%）

是否加入行业工会	管理人员	非管理人员
是	5.33	4.06
否	94.67	95.64
当地没有行业工会	0.00	0.30
合计	100.00	100.00

$N = 740$。

表 7 - 14 显示了管理人员和非管理人员解决纠纷方式的调查情况。可以看出，如果存在纠纷，绝大多数员工采取的解决方式是找企业管理部门投诉，其中，管理人员占比为 81.08%，非管理人员占比为 78.79%。也有 8.05% 的非管理人员面对纠纷时不会采取任何行

动。没有管理人员采取找行业工会投诉的解决办法，非管理人员则不
会选择上网反映情况。

表 7 - 14　　　　　　管理人员与非管理人员解决纠纷方式的差异　　　（单位：%）

最有可能采取的解决纠纷方式	管理人员	非管理人员
找企业管理部门投诉	81.08	78.79
找企业工会投诉	2.70	4.80
找行业工会投诉	0.00	0.93
向劳动监察部门投诉	4.05	4.64
独自停工、辞职	4.05	2.01
参与罢工	1.35	0.31
上网反映情况	1.35	0.00
没有采取任何行动	1.35	8.05
其他	4.05	0.46
合计	100.00	100.00

$N = 720$。

综上所述，找企业管理部门投诉是非管理人员解决纠纷最可能采
取的方式，而找企业工会、行业工会投诉，向劳动监察部门投诉以及
独自停工、辞职等解决纠纷的方式总体占比两成左右。

可以看出，绝大多数菲律宾员工没有加入企业工会或行业工会。
在加入工会的员工中，男员工的比例远超女员工。此外，在菲中资企
业工作的绝大多数菲律宾员工享有社会保障，主要是医疗方面的保
障。当前，无论是管理人员还是非管理人员，菲律宾员工解决劳资纠
纷最常用的途径是找企业管理部门投诉，而非诉诸政府机构或社会
媒体。

第四节　个人和家庭收入

收入是员工最关心的问题。如表 7 - 15 所示，中资企业对菲律宾

员工的未结算工资绝大多数不会超过一个月。具体来说，管理人员未结算工资未超过一个月的比例为97.30%，非管理人员未结算工资未超过一个月的比例为98.50%，说明企业很少出现拖欠员工工资的情况。

表7-15　　　　　管理人员与非管理人员工资拖欠状况　　　　（单位：%）

未结算工资超过时间	管理人员	非管理人员
超过一个月	2.70	1.50
未超过一个月	97.30	98.50
合计	100.00	100.00

$N=742$。

表7-16展示了不同性别员工的月收入状况。在被调查的员工中，工资月收入在8000—12000比索之间的员工比例最高，占员工数的27.87%；工资为12090—15000比索、15360—18000比索和18500—25000比索的员工占比都是约两成，而工资为26000—180000比索的员工比例为11.82%。

表7-16　　　　　按性别划分的员工月收入层次分布　　　（单位：菲律宾比索、%）

性别＼月收入	8000—12000	12090—15000	15360—18000	18500—25000	26000—180000
男	32.22	18.81	19.33	19.85	9.79
女	18.44	22.35	20.67	22.35	16.20
合计	27.87	19.93	19.75	20.63	11.82

$N=567$。

具体而言，月收入在8000—12000比索的男员工比例为32.22%，而同一月收入水平下，女员工的比例比男员工低近一成，比例为18.44%。月收入在26000—180000比索的男员工比例最低，仅为9.79%，不足一成，在同一收入水平下，女员工的比例超过男员工，占比为16.20%。在其他工资水平下，员工的月收入相对比较集中，男女员工的占比都在两成左右，差距较小。可以看出，在菲律宾员工中，女员工获得高工资工作的概率高于男员工。

表7-17 所示的是按年龄组划分的员工月收入分布。可以看到，在不同的年龄组，工资水平为8000—12000 比索的员工比例都是最高的。在16—25 岁的员工中，月收入为8000—12000 比索的员工比例为29.25%，占比最高，而月收入为26000—180000 比索的员工占比最低，不足5%。在26—35 岁的员工中，月收入为8000—25000 比索的员工比例都为两成左右，而月收入为26000—180000 比索的员工比例为13.16%，占比最低。在36 岁及以上的员工中，月收入为8000—12000 比索的员工占比为31.77%，比例最高；月收入为12090—15000 比索的员工比例最低，为14.06%。

表7-17　　　　　按年龄组划分的员工月收入分布　　　　（单位：菲律宾比索、%）

年龄组	8000—12000	12090—15000	15360—18000	18500—25000	26000—180000
16—25 岁	29.25	23.81	26.53	16.33	4.08
26—35 岁	23.68	22.37	18.86	21.93	13.16
36 岁及以上	31.77	14.06	15.63	22.40	16.15
合计	27.87	19.93	19.75	20.63	11.82

$N = 567$。

总体而言，月收入为8000—12000 比索的菲律宾员工占总数的27.87%，占比最高；月收入为12090—15000 比索的菲律宾员工占员工总数的19.93%；月收入为15360—18000 比索的菲律宾员工占员工总数的19.75%；月收入为18500—25000 比索的菲律宾员工占员工总数的20.63%；月收入为26000—180000 比索的员工占员工总数的11.82%。年龄的增长与月收入的增长没有直接的关系。

表7-18 显示了不同学历员工的月收入情况。具体来看，未受过教育的员工中，月收入集中在8000—12000 比索和15360—18000 比索两个水平，各占五成。在小学学历的员工中，月收入为8000—12000 比索的员工比例为33.33%，而月收入为26000—180000 比索

的员工占比不足一成，仅为 6.67%。在中学学历的员工中，月收入为 8000—12000 比索的员工占 41.15%，只有 4.23% 的员工月收入为 26000—180000 比索。在本科及以上学历的员工中，月收入在 18500—25000 比索的员工比例最高，为 24.36%，月收入为 8000—12000 比索的员工占比为 14.55%，比例最低。

表 7-18　　　　按受教育程度划分的员工月收入分布　　（单位：菲律宾比索、%）

最高学历	8000—12000	12090—15000	15360—18000	18500—25000	26000—180000
未受过教育	50.00	0.00	50.00	0.00	0.00
小学学历	33.33	26.67	13.33	20.00	6.67
中学学历	41.15	16.92	20.77	16.92	4.23
本科及以上	14.55	22.18	19.27	24.36	19.64
合计	27.87	19.93	19.75	20.63	11.82

$N = 567$。

综合来看，员工的学历越高，较高水平月收入的员工所占比例越高，本科及以上学历的员工在较高工资水平的比例远高于其他学历。特别是未受过教育的员工，月收入达不到 18500 比索的水平。

表 7-19 所示的是按出生地划分的员工月收入分布。从总体上看，月收入为 8000—12000 比索的员工占比近三成（27.92%），而月收入为 26000—180000 比索的员工比例为 11.84%，占比最低。具体来看，员工月收入会因出生地不同而存在一定的差异。如果出生地是农村，月收入为 8000—12000 比索的员工比例为 32.09%，比同一收

表 7-19　　　　按出生地划分的员工月收入分布　　　（单位：菲律宾比索、%）

农村或城镇	8000—12000	12090—15000	15360—18000	18500—25000	26000—180000
农村	32.09	19.31	19.31	20.56	8.72
城市	22.45	20.41	20.41	20.82	15.92
合计	27.92	19.79	19.79	20.67	11.84

$N = 566$。

入水平下出生地在城市的员工比例高出近一成。月收入为 26000—180000 比索的员工比例最低，农村员工占比仅为 8.72%，城市员工的比例比农村员工多出近一倍，为 15.92%。

除了月收入在 8000—12000 比索之间的情况，总体而言，出生于城市的员工的月收入要略高于农村员工，尤其是月收入为 26000—180000 比索的员工占比。

表 7 - 20 所示的是管理人员与非管理人员的月收入分布。在管理人员中，有半数的员工月收入为 26000—180000 比索，月收入为 8000—12000 比索占比仅为 8.70%。非管理人员的月收入主要集中于 8000—12000 比索，占比近三成（29.54%），月收入为 26000—180000 比索的员工比例只有 8.49%。

表 7 - 20　　　管理人员与非管理人员的月收入分布　　（单位：菲律宾比索、%）

是否为管理人员	8000—12000	12090—15000	15360—18000	18500—25000	26000—180000
是	8.70	10.87	13.04	17.39	50.00
否	29.54	20.46	20.46	21.04	8.49
合计	27.84	19.68	19.86	20.74	11.88

$N = 564$。

总体来看，管理人员的工资水平远远高于非管理人员，月收入为 26000—180000 的管理人员比例比非管理人员比例高出四成以上。

表 7 - 21 所示的是员工家庭年收入状况。在 377 个有效样本中，家庭年收入在 100000—228000 比索的员工最多，占比将近半数（48.81%）。其次是家庭年收入在 228001—300000 比索之间的员工，比例为 19.63%。家庭年收入在 480001—800000 比索之间的员工有 58 个，占比达到 15.38%。此外，9.81% 的员工家庭年收入在 300001—480000 比索之间。家庭年收入在 800001—24000000 比索的员工仅有 6.37%。总体来说，多数员工的家庭年收入集中在 100000—228000 比索之间，家庭年收入在 800001—24000000 比索之

间的员工较少，不足一成。

表 7-21 　　　　　　　　家庭年收入状况 　　　　（单位：菲律宾比索、%）

家庭年收入	频数	百分比
100000—228000	184	48.81
228001—300000	74	19.63
300001—480000	37	9.81
480001—800000	58	15.38
800001—24000000	24	6.37

$N = 377$。

　　总体而言，在中资企业工作的菲律宾籍员工的收入具有以下几个特点：第一，企业在绝大多数情况下不会拖欠员工的工资，工资做到及时足额发放。第二，月收入在 8000—12000 比索之间的员工占比最高，月收入在 8000—12000 比索之间的男员工比例高于女员工，而在月收入为 26000—180000 比索之间的员工中，女员工的比例大于男员工。在其他工资水平下，男女员工的占比都在两成左右。第三，不同年龄段员工的月收入呈现不规则分布，并未出现年龄长而工资高的情况。第四，员工的学历越高，较高水平月收入所占的比例越高，本科及以上学历的员工在较高工资水平的比例远高于其他学历。第五，来自城市的员工的月收入要略高于农村员工，尤其是月收入为 26000—180000 比索之间的员工占比。第六，在中资企业中，管理人员的工资远远高于非管理人员。第七，家庭年收入有近五成集中在 100000—228000 比索水平，高收入家庭数目较少。

第五节　家庭地位和耐用消费品

　　为了解在中资企业工作的菲律宾员工的社会地位，在问卷中，我们请菲律宾员工对其当前家庭社会地位进行自评，最小值为 1，表示社会地位最低，最大值为 10，表示社会地位最高。问卷结果显示，其平均值为 6.20，标准差为 1.66，这表明大多数菲律宾员工认为其社会地位超过社会平均水平。

如表 7 – 22 所示，在 1—10 分的范围内，最初进入企业时员工的家庭社会经济地位自评平均分是 6.60 分，标准差为 1.62。当前员工的家庭社会经济自评平均分下降至 6.20 分，下降了 0.40 分，标准差为 1.66。总体上说，员工当前家庭社会经济地位要略低于最初进入企业时期。

表 7 – 22　　　　　当前和进入企业时的家庭社会经济地位自评　　（单位：个、%）

时间点	样本量	均值	标准差	最小值	最大值
当前	740	6.20	1.66	1	10
进入企业时	737	6.60	1.62	1	10

表 7 – 23 显示了不同学历员工的家庭耐用消费品拥有率状况。可以看到，在未受过教育的员工中，所有人都拥有电视机、摩托车和手机，半数的员工拥有冰箱，但是没有人拥有汽车。在小学学历的员工中，绝大多数（89.47%）员工拥有电视，大多数（76.32%）员工拥有手机，而摩托车和冰箱的拥有率仅为四成左右（39.47% 和 42.11%），汽车的拥有率仅为 5.26%。在中学学历的员工中，有九成左右（91.30% 和 88.20%）的员工拥有电视和手机，摩托车的拥

表 7 – 23　　　　　按受教育程度划分的家庭耐用消费品拥有率　　（单位:%）

	汽车	电视	摩托车	手机	冰箱
未受过教育	0.00	100.00	100.00	100.00	50.00
小学学历	5.26	89.47	39.47	76.32	42.11
中学学历	5.28	91.30	55.28	88.20	45.65
本科及以上	35.40	96.13	53.09	98.71	85.82
总计	20.83	93.73	53.47	93.06	66.27
	$N = 749$	$N = 750$	$N = 750$	$N = 749$	$N = 750$

有率为 55.28%，不足半数（45.65%）的员工拥有冰箱，汽车的拥有率为 5.28%。在本科及以上学历的员工中，电视和手机的拥有率分别为 96.13% 和 98.71%，摩托车的拥有率超过一半（53.09%），有八成以上（85.82%）的员工有冰箱，与其他学历的员工相比，汽车的拥有率明显提高，达到 35.40%。

总体而言，对于全体员工来说，电视和手机的拥有率较高，都达到九成以上；汽车的拥有率最低，为 20.83%。除未受过教育的员工外，学历越高，家庭耐用消费品的拥有率也越高。

表 7-24 显示了不同出生地的员工拥有家庭耐用消费品的情况。可以看到，绝大多数员工拥有电视和手机（93.84% 和 93.03%），超过半数的员工拥有摩托车和冰箱（53.55% 和 66.13%），而汽车的拥有率仅为 20.78%。具体而言，在出生地是农村的员工中，绝大多数员工拥有电视和手机（93.75% 和 92.31%），超过半数的员工拥有冰箱和摩托车（64.42% 和 57.21%），而汽车的拥有率不足两成（18.99%）。在出生地是城市的员工中，同样是绝大多数员工拥有电视和手机（93.96% 和 93.94%），超过半数（68.28%）的员工拥有冰箱，拥有摩托车的员工比例为 48.94%，低于出生地为农村的员工。出生地为城市的员工的汽车拥有率为 23.03%，比农村员工家庭高约 4%。

表 7-24　　　　　　按出生地划分的家庭耐用消费品拥有率　　　　（单位：%）

	汽车	电视	摩托车	手机	冰箱
农村	18.99	93.75	57.21	92.31	64.42
城市	23.03	93.96	48.94	93.94	68.28
总计	20.78	93.84	53.55	93.03	66.13
	N = 746	N = 747	N = 747	N = 746	N = 747

总体来看，农村员工家庭摩托车的拥有率比城市员工家庭高出近一成，而其他家庭耐用消费品的拥有率都低于城市员工家庭。

从表 7-25 可以看出，月收入不同，家庭耐用消费品的拥有率也不同。在月收入为 8000—12000 比索的员工中，电视机和手机的拥有率分别为 89.87% 和 87.34%，超过半数（57.59%）的员工拥有摩托车，但冰箱的拥有率不足五成（45.57%），汽车拥有率仅为 8.23%。在月收入为 12090—15000 比索的员工中，超过九成（92.92%）的员工拥有电视机，手机的拥有率为 88.39%，一半以上的员工拥有冰箱和摩托车（63.72% 和 50.44%），汽车拥有率为 18.58%，与较低月收入的员工相比高出 10.35%。在月收入为 15360—18000 比索的员工中，电视和手机的拥有率都超过 90%，冰箱的拥有率为 71.4%，摩托车的拥有率为 53.57%，有 16.07% 的员工拥有汽车。在月收入为 18500—25000 比索的员工中，分别有 91.45% 和 93.16% 的员工拥有电视和手机，冰箱的拥有率超过六成，46.15% 的员工拥有摩托车，汽车的拥有率为 16.24%。在月收入为 26000—180000 比索的员工中，所有员工都拥有电视和手机，冰箱的拥有率高达 94.03%，摩托车的拥有率为 47.76%，值得注意的是，汽车的拥有率超过一半，上升至 56.72%。

表 7 - 25　　　按月收入划分的家庭耐用消费品拥有率　　　（单位：菲律宾比索、%）

个人月收入	汽车	电视	摩托车	手机	冰箱
8000—12000	8.23	89.87	57.59	87.34	45.57
12090—15000	18.58	92.92	50.44	88.39	63.72
15360—18000	16.07	93.75	53.57	93.75	71.43
18500—25000	16.24	91.45	46.15	93.16	64.96
26000—180000	56.72	100.00	47.76	100.00	94.03
合计	19.22	92.77	51.85	91.52	64.02
	$N = 567$	$N = 567$	$N = 567$	$N = 566$	$N = 567$

总体而言，对于菲律宾员工来说，电视和手机的拥有率最高，汽车的拥有率不足两成。其中，家庭耐用品拥有率最高的是月收入最高的员工，相对而言，月收入低的员工拥有的家庭耐用品也少。

图 7 - 2 所示为家庭拥有轿车/吉普车/面包车的原产国百分比分

布，前四名原产国分别为日本、菲律宾、中国和美国。其中，家庭拥
有车辆中67.95%的车辆原产国是日本，近一成的车辆（9.62%）产
自菲律宾本国，产自中国和美国的车辆占比分别8.97%和8.33%，
还有7.69%的车辆来自于其他国家。

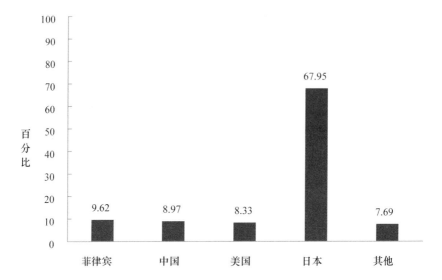

图7-2 家庭拥有轿车/吉普车/面包车的原产国分布（多选题）（N=156）

由图7-3可看出菲律宾员工家庭拥有彩色或黑白电视的原产国
情况，具体来看，产自中国的彩色或黑白电视的比例最高，为
34.71%，同时也有33.43%的彩色或黑白电视原产地是中国，来自
美国的彩色或黑白电视比例约为一成（10.53%），原产地为菲律宾
本国的彩色或黑白电视仅为6.69%，还有13.80%的彩色或黑白电视
来自其他国家。

图7-4所示为家庭拥有滑板车/摩托车/轻便摩托车的原产国比
例，前五名原产国分别是日本、中国、菲律宾、美国和印度。具体来
看，有接近七成（68.58%）的滑板车/摩托车/轻便摩托车的原产国
是日本，原产地为中国的滑板车/摩托车/轻便摩托车占比14.96%，
来自菲律宾本国的滑板车/摩托车/轻便摩托车比例为8.73%，而来自

美国和印度的比例仅为 2.00% 和 1.00% ，有 3.24% 的滑板车/摩托车/轻便摩托车来自其他国家。

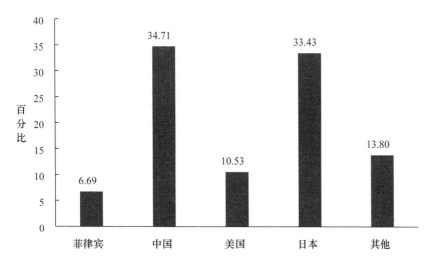

图 7 - 3　家庭拥有彩色或黑白电视的原产国分布（多选题）（N = 703）

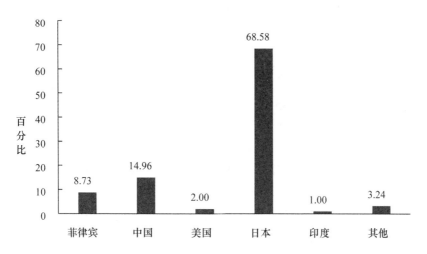

图 7 - 4　家庭拥有滑板车/摩托车/轻便摩托车的
原产国分布（多选题；%）（N = 401）

　　具体来看，超过七成（72.03%）的滑板车/摩托车/轻便摩托车的原产国是日本，原产地为中国的滑板车/摩托车/轻便摩托车占比12.93%，来自菲律宾本国的滑板车/摩托车/轻便摩托车比例为8.44%，来自美国和印度的比例仅为2.11%和1.06%，有3.43%的滑板车/摩托车/轻便摩托车来自其他国家。

　　图7-5为家庭拥有的移动电话原产国情况，其中，中国是移动电话最大的原产国，有56.81%的移动电话来自于中国。移动电话原产国是日本的比例为16.79%，来自美国的移动电话占比为23.39%，只有11.33%的移动电话来自菲律宾本国，而来自印度的移动电话仅为0.29%，还有超过两成的移动电话是其他国家生产的。

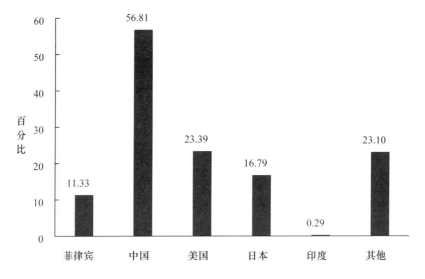

图7-5　家庭拥有移动电话的原产国分布（多选题）（$N=697$）

　　图7-6为家庭拥有冰箱原产国分布情况，总体来看，近四成的冰箱原产国是日本（38.03%），来自美国的冰箱占比为16.50%，比来自中国的冰箱多出一倍多，而来自菲律宾本国的冰箱不足一成，仅占7.44%，其余8.65%的冰箱来源于其他国家。

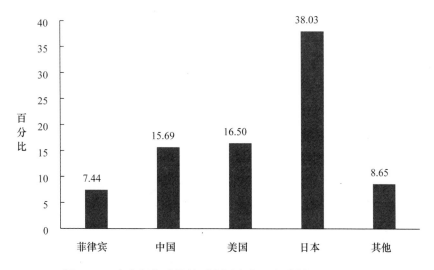

图 7 - 6　家庭拥有冰箱的原产国分布（多选题）（N = 497）

从员工拥有的耐用消费品原产国来看，中国制造的耐用消费品在手机领域具有较大的市场份额，日本制造或日本品牌在汽车、摩托车、电视机、冰箱等领域都有较大的市场份额。

小　结

从对员工就业和收入情况的调查来看，员工当前家庭社会经济地位要略低于最初进入企业时期，出现这一情况的原因，可能与个人预期的提高或通货膨胀等因素有关。在菲律宾员工的家庭耐用消费品中，电视和手机的拥有率最高，汽车的拥有率最低。总的来说，除未受过教育的员工外，学历越高，家庭耐用消费品拥有率也越高。员工的城乡来源不同，其收入和家庭富裕程度也有差别。农村员工家庭摩托车的拥有率比城市员工家庭高，而其他家庭耐用消费品的拥有率都低于城市员工家庭。这可能与城乡之间的受教育程度、信息获取便利性不同有关。家庭耐用品拥有率最高的是月收入最高的员工，相对而言，月收入最低的员工拥有的家庭耐用品也少，这一点符合正常的消费理念。菲律宾籍员工家庭拥有轿车/吉普车/面包车、彩色或黑白电视、滑板车/摩托车/轻便摩托车以及冰箱的最大原产国都是日本，移动电话的最大原产国是中国，这说明在绝大多数耐用消费品领域，日本品牌和日本产品仍在菲律宾处于主导地位。

第八章

菲律宾中资企业的员工
情感认知与认同

菲律宾民众的对华认知是中菲政治经济关系发展的基础性影响因素。在菲律宾中资企业工作的菲律宾员工的对华认知是其重要组成部分，他们是扩散友华信息和推动中菲友好的重要力量。了解他们的对华认知是本书的核心内容之一。

第一节　社会交往与社会距离

社会交往与社会距离是不同背景民众或群体之间的心理评判与心理认识，表明不同群体之间的好感度与愿意交往程度。在本书中，我们设计了多个问题来衡量中菲民众之间的社会距离。

图 8-1 所示为员工与中、美、印、日民众的社会距离分布情况。可以看到，近五成（46.97%）的菲律宾员工愿意与美国民众成为伴侣，40.16%的调查对象愿意与中国民众成为伴侣，分别有45.38%和33.88%的员工想要和中国与印度的民众成为朋友，只有极少数员工拒绝中、美、印、日民众来菲律宾，绝大多数员工可以接受中、美、印、日民众来菲律宾。从统计数据来看，菲律宾民众对美国、中国、日本三国均有较高的接纳度，30%以上的被调查对象愿意与他们成为伴侣或朋友。

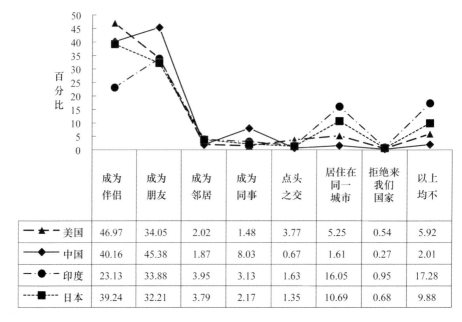

	成为伴侣	成为朋友	成为邻居	成为同事	点头之交	居住在同一城市	拒绝来我们国家	以上均不
—▲— 美国	46.97	34.05	2.02	1.48	3.77	5.25	0.54	5.92
—♦— 中国	40.16	45.38	1.87	8.03	0.67	1.61	0.27	2.01
—●— 印度	23.13	33.88	3.95	3.13	1.63	16.05	0.95	17.28
—■— 日本	39.24	32.21	3.79	2.17	1.35	10.69	0.68	9.88

图 8 - 1 员工与中、美、印、日四国民众的社会距离分布

　　表 8 - 1 所示的是按性别划分的员工在本企业拥有的中国朋友数量差异。具体来说，女员工与男员工在本企业拥有中国朋友的数量相差不多。女员工在本企业拥有中国朋友的平均数量为 3.86 个（标准差为 5.14），男员工在本企业拥有中国朋友的平均数量为 3.58 个（标准差为 4.83），相差 0.28 个。可以看出，无论是女员工还是男员工，在本企业中拥有中国朋友的数量相差无几，但存在较大的个体差异。部分员工拥有较多的中国朋友，有些则很少或没有中国朋友。

表 8 - 1　　按性别划分的员工在本企业拥有的中国朋友数量差异　　（单位：个）

性别	样本量	均值	标准差	最小值	最大值
男	504	3.58	4.83	0	36
女	239	3.86	5.14	0	40

表 8 - 2 所示的是管理人员与非管理人员在本企业拥有的中国朋友数量差异。可以看出，管理人员比非管理人员在本企业拥有更多的中国朋友。详细来说，在调查的 74 名管理人员中，在本企业拥有中国朋友的平均数量为 6.59 个（标准差为 7.09），而在调查的 665 名非管理人员中，在本企业拥有中国朋友的数量为 3.33 个（标准差为 4.51），前者比后者多了 3.26 个。这可以看出管理人员结交的朋友比非管理人员多。

表 8 - 2　　管理人员与非管理人员在本企业拥有的中国朋友数量差异（单位：个）

是否为管理人员	样本量	均值	标准差	最小值	最大值
是	74	6.59	7.09	0	40
否	665	3.33	4.51	0	36

表 8 - 3 所示的是按性别划分的员工在企业外拥有的中国朋友数量差异。可以看出，相较于男员工，女员工在企业外拥有更多的中国朋友。具体来说，女员工在企业外拥有的中国朋友的均值为 6.61 个（标准差为 64.49），男员工在企业外拥有中国朋友数量的均值为 4.24 个（标准差为 49.93），前者比后者多出 2.37 个。其中，女员工的标准差较大，说明在女员工中，拥有的中国朋友数量也存在很大的区别。

表 8 - 3　　按性别划分的员工在企业外拥有的中国朋友数量差异　（单位：个）

性别	样本量	均值	标准差	最小值	最大值
男	503	4.24	49.93	0	999
女	241	6.61	64.49	0	999

表 8 - 4 所示的是管理人员与非管理人员在企业外拥有的中国朋友数量差异。可以看到，相比非管理人员，管理人员在企业外拥有更多的中国朋友。准确地说，管理人员在企业外拥有中国朋友的均值为 18.59 个（标准差为 116.77），而非管理人员在企业外拥有中国朋友

的均值为 3.55 个（标准差为 43.39），相差 16.04 个。但是，管理人员的标准差远高于非管理人员，意味着管理人员中拥有中国朋友的数量差异也很大。由此可以看出，管理人员在企业外接触中国朋友的概率要远大于非管理人员。

表 8 - 4　管理人员与非管理人员在企业外拥有的中国朋友数量差异　（单位：个）

是否为管理人员	样本量	均值	标准差	最小值	最大值
是	73	18.59	116.77	0	999
否	667	3.55	43.39	0	999

基于以上数据可以看出：第一，绝大多数菲律宾员工可以接受中、美、印、日民众来菲律宾，不足 1% 的员工拒绝中、美、印、日民众来本国，超过 30% 以上的菲律宾员工能接受中、美、印、日民众成为其朋友或伴侣。第二，员工在本企业有 3—4 个中国朋友，其中，管理人员结交的中国朋友比非管理人员多，通常会有 6—7 个中国朋友。第三，划分依据不同，员工在企业外的中国朋友数量也存在一定的差异，如果按性别来划分，女员工拥有的中国朋友多于男员工。如果按管理人员和非管理人员来划分，管理人员结交的中国朋友远远超过非管理人员。

第二节　员工对企业的评价

表 8 - 5 所示的是按族群划分的员工是否同意"本企业尊重本地风俗习惯"情况。从总体上看，近三成（29.23%）的员工持一般态度，三成以上（33.96%）的员工基本同意本企业尊重本地风俗习惯，近三成（28.55%）的员工完全同意本企业尊重本地风俗习惯。不同意和完全不同意本企业尊重本地风俗习惯的员工比例加在一起不足一成（8.25%）。由此可见，大部分的员工认为"本企业尊重本地

风俗习惯"。他加禄族作为菲律宾主体民族，29.91%和34.23%的他加禄族菲律宾员工完全同意或基本同意该企业尊重本地的风俗习惯；其他族，如伊洛戈族、米沙鄢族、比科尔人以及其他族群的员工态度与总体趋势保持一致，一般、基本同意及完全同意的人员占比都在三成左右，完全不同意及不同意加总占一成左右。这表明，中资企业基本做到入乡随俗，获得菲律宾员工的认可。

表8-5　　　　　　　按族群划分的员工是否同意"本企业尊重
　　　　　　　　　　本地风俗习惯"情况　　　　　　（单位:%）

族群	完全不同意	不同意	一般	基本同意	完全同意
他加禄族	4.86	3.78	27.21	34.23	29.91
宿雾族	0.00	7.14	57.14	14.29	21.43
伊洛戈族	5.56	0.00	33.33	33.33	27.78
米沙鄢族	4.17	6.25	33.33	33.33	22.92
比科尔人	4.76	0.00	33.33	38.10	23.81
其他	3.08	3.08	33.85	35.38	24.62
总计	4.60	3.65	29.23	33.96	28.55

$N = 739$。

　　表8-6所示的是按宗教信仰划分的员工是否同意"本企业尊重本地风俗习惯"情况。总体而言，近三成（28.61%）的员工完全同

表8-6　　　　　　　按宗教信仰划分的员工是否同意"本企业尊重
　　　　　　　　　　本地风俗习惯"情况　　　　　　（单位:%）

宗教信仰	完全不同意	不同意	一般	基本同意	完全同意
天主教	4.87	3.93	29.25	33.81	28.14
基督教	0.00	3.23	30.65	35.48	30.65
伊斯兰教	20.00	0.00	20.00	0.00	60.00
佛教	50.00	0.00	0.00	50.00	0.00
其他	2.86	0.00	28.57	37.14	31.43
不信仰任何宗教	0.00	0.00	100.00	0.00	0.00
合计	4.59	3.64	29.28	33.87	28.61

$N = 741$。

意本企业尊重本地风俗习惯，三成以上（33.87%）的员工基本同意，近三成（29.28%）的员工持一般态度。不同意以及完全不同意的员工仅不到一成（8.23%）。由此可以看出，大多数员工同意"本企业尊重本地风俗习惯"。

值得特别注意的是，对于不信仰任何宗教的员工，所有人都持有一般态度。在信仰佛教的员工中，完全不同意与基本同意的员工各占一半（50.00%）。在信仰伊斯兰教的员工中，有六成（60.00%）人完全同意本企业尊重本地风俗习惯，完全不同意和持一般态度的人员各占两成（20.00%）。对于信仰天主教、基督教及其他宗教的员工，具体情况和总体情况保持一致。由此可见，在不考虑没有宗教信仰的员工时，无论信仰何种宗教，大多数员工都是认同"本企业尊重本地风俗习惯"这一观点的。

表8-7所示的是管理人员与非管理人员是否同意"本企业尊重本地风俗习惯"的情况。在管理人员中，近四成（37.33%）的人完全同意"本企业尊重本地风俗习惯"的观点，非管理人员中有近三成（27.49%）的人完全同意本企业尊重本地风俗习惯的观点。同时，在管理人员中，有近三成（28.00%）的人基本同意这一观点。在非管理人员中，有三成以上（34.74%）的人基本同意本企业尊重本地风俗习惯。

表8-7　　　管理人员与非管理人员是否同意"本企业尊重
本地风俗习惯"情况　　　　（单位:%）

是否为管理人员	完全不同意	不同意	一般	基本同意	完全同意
是	5.33	2.67	26.67	28.00	37.33
否	4.53	3.78	29.46	34.74	27.49
总计	4.61	3.66	29.17	34.06	28.49

N = 737。

总体而言，无论是管理人员还是非管理人员，对"本企业尊重本地风俗习惯"这一观点持有同意态度的员工占总人数的六成以上

（34.06% + 28.49%），同时有近三成（29.17%）的人是一般态度，剩余不足一成的员工对该观点持有不同意的态度。

表 8 - 8 所示的是按族群划分的员工是否同意"本企业尊重我的宗教信仰"情况。总体来看，超过三成（33.29%）的员工完全同意"本企业尊重我的宗教信仰"这一观点，也有超三成（33.69%）的员工基本同意，持有一般态度的员工只有四分之一（25.85%），剩余不足十分之一的员工表示不同意或者完全不同意。由此可以看出，本企业对待员工的宗教信仰还是尊重的，只有极少数员工不认同。但是对于宿雾族员工来说，有超四成（42.86%）的人认为一般，既没有同意该观点，也没有不同意。剩余有近三成（28.57%）的人基本同意，超两成（21.43%）的人是完全同意的，只有不足一成（7.14%）的人不同意，且没有人完全不同意。相对而言，他加禄族、伊洛戈族、米沙鄢族、比科尔人以及其他种族都与总体趋势相似，有六成左右的员工同意"本企业尊重我的宗教信仰"，近三成的人持有一般态度，持不同意态度的员工均不足一成。

表 8 - 8　　　　按族群划分的员工是否同意"本企业尊重我的宗教信仰"情况　　　　（单位：%）

族群	完全不同意	不同意	一般	基本同意	完全同意
他加禄族	4.98	2.14	24.56	34.34	33.99
宿雾族	0.00	7.14	42.86	28.57	21.43
伊洛戈族	5.88	5.88	29.41	26.47	32.35
米沙鄢族	2.13	4.26	27.66	29.79	36.17
比科尔人	4.76	4.76	28.57	33.33	28.57
其他	3.28	1.64	29.51	36.07	29.51
总计	4.60	2.57	25.85	33.69	33.29

$N = 739$。

表 8 - 9 所示的是按宗教信仰划分的员工是否同意"本企业尊重我的宗教信仰"情况。菲律宾员工中，绝大多数信仰天主教和基督教，企业对他们宗教的尊重也得到大多数教徒的认可。对于本企业中

信仰佛教的员工而言，出现类似于两极分化的现象，有半数的员工完全不同意"本企业尊重我的宗教信仰"，余下的一半则是基本同意该观点。对于本企业中信仰伊斯兰教的员工来说，40.00%的员工持完全同意的态度，40.00%的员工持有一般态度，只有20.00%的员工完全不同意该观点。相较于信仰佛教和伊斯兰教的员工来说，信仰天主教和基督教基本同意及完全同意的员工都在30%以上，持有一般态度的也有近30%，完全不同意和不同意的人只有不到10%。对于信仰其他宗教的员工而言，大部分（44.12%）的员工基本同意该观点，35.29%的人完全同意，只有2.94%的人完全不同意，余下的员工都持有一般态度。

表 8 – 9　　　　按宗教信仰划分的员工是否同意"本企业尊重我的
宗教信仰"情况　　　　　　（单位：%）

宗教信仰	完全不同意	不同意	一般	基本同意	完全同意
天主教	4.87	2.35	25.90	33.28	33.59
基督教	0.00	6.45	29.03	33.87	30.65
伊斯兰教	20.00	0.00	40.00	0.00	40.00
佛教	50.00	0.00	0.00	50.00	0.00
其他	2.94	0.00	17.65	44.12	35.29
不信仰任何宗教	0.00	0.00	100.00	0.00	0.00
合计	4.59	2.56	25.91	33.6	33.33

$N = 741$。

表 8 – 10 所示的是管理人员与非管理人员是否同意"本企业尊重我的宗教信仰"的情况。可以看到，管理人员中完全同意该观点的员工占36.49%，略高于非管理人员中完全同意该观点的员工比例。在管理人员和非管理人员中，基本同意该观点的员工分别占了31.08%和34.09%。由此可以看出，无论是管理人员还是非管理人员，都有六成以上的员工认为"本企业尊重我的宗教信仰"。总体来看，仅有约四分之一（25.78%）的员工持有一般态度，既没有同意也没有不同意；不同意的员工占2.58%，完全不同意的员工占4.61%。由以

上数据可以看出，本企业对待宗教信仰是以尊重为主，大多数员工也是认同的，仅有少数人有不同意见。

表 8 – 10　　　管理人员与非管理人员是否同意 "本企业尊重
我的宗教信仰"　　　　　　　　（单位：%）

是否为管理人员	完全不同意	不同意	一般	基本同意	完全同意
是	5.41	2.70	24.32	31.08	36.49
否	4.52	2.56	25.94	34.09	32.88
总计	4.61	2.58	25.78	33.79	33.24

N = 737。

表 8 – 11 所示的是按族群划分的员工是否同意 "喜欢本企业的工作作息时间" 情况。总体来看，完全同意与基本同意的员工分别占32.08% 与 33.83%，也就是说，超过六成的员工 "喜欢本企业的工作作息时间"。持有一般态度的人也有 26.44%，不同意与完全不同意的仅占 3.49% 与 4.16%。由此可以看出，在不区分种族的情况下，大多数员工喜欢本企业的工作作息时间。在伊洛戈族与米沙鄢族两个族群中，完全同意的员工分别占了该族群的 37.14% 与 37.50%，且米沙鄢族中基本同意的人也有 35.42%。也就是说，在米沙鄢族中，有超过七成的人同意 "喜欢本企业的工作作息时间"，表明该族群的

表 8 – 11　　　　按族群划分的员工是否同意 "喜欢本企业
工作作息时间" 情况　　　　　（单位：%）

族群	完全不同意	不同意	一般	基本同意	完全同意
他加禄族	4.63	3.20	25.44	33.99	32.74
宿雾族	0.00	0.00	50.00	21.43	28.57
伊洛戈族	5.71	0.00	31.43	25.71	37.14
米沙鄢族	2.08	2.08	22.92	35.42	37.50
比科尔人	4.76	4.76	28.57	33.33	28.57
其他	1.54	9.23	29.23	38.46	21.54
总计	4.16	3.49	26.44	33.83	32.08

N = 745。

员工非常喜欢本企业的工作时间作息。相对于其他所有族群来说，宿雾族中没有人（0.00%）不同意与完全不同意，但是该族群中有一半（50.00%）的人是持有一般态度的，21.43%的人基本同意，28.57%的人完全同意，可以看出宿雾族员工不讨厌该作息时间，但也不是十分喜欢这个作息时间。他加禄族、比科尔人以及其他族群的员工情况都与总体情况相似，也有六成左右的人员"喜欢本企业工作作息时间"，极少数人员不同意。

表8-12所示的是按宗教信仰划分的员工是否同意"喜欢本企业工作作息时间"的情况。在信仰伊斯兰教的员工中，六成（60.00%）的员工表示完全同意"喜欢本企业工作作息时间"，两成（20.00%）的员工基本同意，还有两成的员工则完全不同意。可以看出，信仰伊斯兰教的员工中，大多数（80.00%）人是喜欢本企业的工作作息时间的。对于信仰佛教的员工以及不信仰任何宗教的员工来说，他们都持一般态度，既没有喜欢也没有不喜欢。对于信仰天主教的员工来说，有三成以上（33.80%）的员工基本同意"喜欢本企业工作作息时间"，完全同意的人员有32.09%。相较于天主教，信仰基督教的人持完全同意的态度略高，比例达到36.51%。在信仰其他宗教的员工中，有近五成（47.06%）的员工基本同意"喜欢本企业工作作息时间"。

表8-12　　按宗教信仰划分的员工是否同意"喜欢本企业工作作息时间"情况　　（单位：%）

宗教信仰	完全不同意	不同意	一般	基本同意	完全同意
天主教	4.52	3.43	26.17	33.80	32.09
基督教	0.00	6.35	28.57	28.57	36.51
伊斯兰教	20.00	0.00	0.00	20.00	60.00
佛教	0.00	0.00	100.00	0.00	0.00
其他	2.94	0.00	26.47	47.06	23.53
不信仰任何宗教	0.00	0.00	100.00	0.00	0.00
合计	4.15	3.48	26.51	33.73	32.13

$N = 747$。

由此可以看出，除了信仰佛教以及不信仰任何宗教的员工没有明显的意向之外，大多数员工喜欢本企业的工作作息时间，只有为数不多的员工不太同意。

表 8-13 所示的是管理人员与非管理人员是否同意"喜欢本企业工作作息时间"情况。在管理人员中，有 36.49% 的人完全同意该观点，非管理人员中也有 31.54% 的人完全同意。管理人员中有超三成（31.08%）的人基本同意该观点，非管理人员中有 34.23% 的员工基本同意。因此，可以看出，无论是管理人员还是非管理人员，都有超过六成的人是喜欢本企业的工作作息时间的，有 26.38% 的人持有一般态度，不同意以及完全不同意的人员仅剩不到 10%。也就是说，不管是管理人员还是非管理人员，只有少部分人不喜欢本企业的工作作息时间。

表 8-13　　　　管理人员与非管理人员是否同意"喜欢本企业
工作作息时间"情况　　　　　（单位:%）

是否为管理人员	完全不同意	不同意	一般	基本同意	完全同意
管理人员	6.76	2.70	22.97	31.08	36.49
非管理人员	3.89	3.59	26.76	34.23	31.54
总计	4.17	3.50	26.38	33.92	32.03

$N=743$。

表 8-14 显示了不同族群对"中外员工晋升制度一致"的态度情况。从总体上看，持有一般态度的员工占多数（36.48%），基本同意的员工占两成左右（20.24%），10.49% 的员工完全同意，不同意的员工比例为 28.06%，也有 4.73% 的员工完全不同意。具体而言，在他加禄族中，态度一般的员工比例为 35.67%，完全不同意的比例为 5.46%。在宿雾族中，38.46% 的员工对"中外员工晋升制度一致"持一般态度，但是没人完全不同意。在伊洛戈族中，超过五成的员工持有一般态度，完全不同意的占 3.23%。在米沙鄢族中，有

43.18%的员工态度一般，2.27%的员工完全不同意"中外员工晋升制度一致"。最后，在比科尔人中，一般同意和基本同意的员工比例相同，都是35.00%，完全不同意的员工占5.00%。在其他族群中，不同意"中外员工晋升制度一致"的员工占了四成多，完全不同意的比例为1.79%。

表 8 – 14　　　　按族群划分的员工是否同意"中外员工晋升
制度一致"态度情况　　　　（单位：%）

族群	完全不同意	不同意	一般	基本同意	完全同意
他加禄族	5.46	27.10	35.67	21.05	10.72
宿雾族	0.00	23.08	38.46	23.08	15.38
伊洛戈族	3.23	29.03	51.61	9.68	6.45
米沙鄢族	2.27	25.00	43.18	20.45	9.09
比科尔人	5.00	15.00	35.00	35.00	10.00
其他	1.79	44.64	30.36	12.50	10.71
总计	4.73	28.06	36.48	20.24	10.49

$N = 677$。

表 8 – 15 显示了不同宗教信仰对"中外员工晋升制度一致"的态度。在信仰天主教的员工中，一般同意的员工比例为36.07%，完全不同意的比例为5.13%。在信仰基督教的员工中，有四成的员工一般同意，完全不同意的员工占1.82%。对于信仰伊斯兰教的员工，有一半员工表现出一般同意，完全不同意和不同意的员工各占25.00%。对于信仰佛教的员工，不同意和一般同意"中外员工晋升制度一致"的员工各占五成。对于信仰其他宗教的员工，不同意的员工比例最高，为40.63%，但是没有完全不同意的员工。不信仰任何宗教的员工全部一般同意"中外员工晋升制度一致"。总体来看，持有一般态度的员工最多，不同意和完全不同意"中外员工晋升制度一致"的员工超过三成。

表 8 – 15　　　　　　按宗教信仰划分的员工是否同意"中外员工晋升

制度一致"态度情况　　　　　（单位:%）

宗教信仰	完全不同意	不同意	一般	基本同意	完全同意
天主教	5.13	26.84	36.07	20.68	11.28
基督教	1.82	36.36	40.00	14.55	7.27
伊斯兰教	25.00	25.00	50.00	0.00	0.00
佛教	0.00	50.00	50.00	0.00	0.00
其他	0.00	40.63	31.25	25.00	3.13
不信仰任何宗教	0.00	0.00	100.00	0.00	0.00
总计	4.71	28.28	36.38	20.18	10.46

$N = 679$。

在有效样本中,员工对"中外员工晋升制度一致"持一般同意态度的比例最高,完全不同意的比例最低。具体而言,在管理人员中,持有一般态度的员工占 32.81%,完全不同意的员工占比近一成。在非管理人员中,有 36.70% 的员工一般同意"中外员工晋升制度一致",完全不同意的比例为 4.24%,见表 8 – 16。

表 8 – 16　　　　　　管理人员与非管理人员是否同意"中外员工晋升

制度一致"态度情况　　　　　（单位:%）

是否为管理人员	完全不同意	不同意	一般	基本同意	完全同意
是	9.38	26.56	32.81	18.75	12.50
否	4.24	28.55	36.70	20.39	10.11
总计	4.73	28.36	36.34	20.24	10.34

$N = 677$。

根据族群、宗教信仰以及是否为管理人员三种变量对"本企业尊重本地风俗习惯""本企业尊重我的宗教信仰""喜欢本企业工作作息时间""中外员工晋升制度一致"进行统计得出以下结论。

第一,针对员工是否同意"本企业尊重本地风俗习惯",（1）对于不同族群的员工,大部分员工都是基本同意"本企业尊重本地风俗习惯"的，值得关注的是，宿雾族员工中有近六成的人持有一般态度，且没有人完全不同意。（2）对于有不同宗教信仰的员工，总体而言，大多数员工还是同意"本企业尊重本地风俗习惯"这一观点的。其中，对于不信仰任何宗教的员工，全部人员都持有一般态度。信仰佛教的员工，完全不同意者与基本同意者各占一半，而信仰伊斯兰教的员工中则有六成的人完全同意，其余如信仰天主教、基督教及其他宗教的员工，员工态度分配比例和总体的人员比例保持一致。（3）无论是管理人员还是非管理人员，绝大多数都同意"本企业尊重本地风俗习惯"，不同意的员工不足一成。

第二，针对"本企业尊重我的宗教信仰"，（1）对于不同族群的员工，本企业对待员工的宗教信仰还是尊重的，只有极少数的员工不认同。对于宿雾族员工来说，超四成的人持一般态度，没有人完全不同意。相对而言，他加禄族、伊洛戈族、米沙鄢族、比科尔人以及其他种族都与总体趋势相似，有六成左右的员工同意"本企业尊重我的宗教信仰"，不足一成的员工持不同意的态度。（2）对于有不同宗教信仰的员工，一半的佛教徒完全不同意和基本同意。对伊斯兰教徒来说，40%的员工持完全同意的态度，而天主教、基督教基本同意及完全同意的员工都超过三成。对于其他宗教而言，大部分的人是基本同意企业尊重其宗教信仰的。（3）无论是管理人员还是非管理人员，都有超过六成的员工认为"本企业尊重我的宗教信仰"。

第三，针对"喜欢本企业工作作息时间"而言，（1）对于不同族群的员工，大多数人员是喜欢本企业的工作作息时间的。（2）对于有不同宗教信仰的员工，除了信仰佛教以及不信仰任何宗教的员工没有明显的意向之外，大多数信仰其他教派的员工喜欢本企业的工作作息时间。（3）无论是管理人员还是非管理人员，都有超过六成的人喜欢本企业的工作作息时间。

第四，针对"中外员工晋升制度一致"态度情况，（1）对于不同族群的员工，多数员工持一般态度，但不同意的员工比例为28.06%，甚至有4.73%的员工完全不同意。（2）对于有不同信仰的员工，持有一般态度的员工最多，不同意和完全不同意的员工超过三成。（3）管理人员持有一般态度的占三成，完全不同意的占比近一成。不足四成的非管理人员一般同意"中外员工晋升制度一致"，完全不同意的比例为4.73%。

小　结

基于对菲律宾员工社会交往和社会距离的调查，可以发现绝大多数菲律宾员工可以接受中、美、印、日民众来菲律宾，超过30%的菲律宾员工能接受中、美、印、日民众成为其朋友或伴侣；菲律宾员工在本企业一般会有3—4个中国朋友，其中，管理人员结交的中国朋友比非管理人员多；菲律宾员工在本企业外的中国朋友数量也较多，但存在较大的差异：女员工拥有的中国朋友多于男员工，管理人员结交的中国朋友远远超过非管理人员。整体而言，菲律宾民众对外国人较为包容，菲律宾员工与中方员工的关系较为融洽。

不论菲律宾员工的族群、宗教信仰、是否为管理人员，有超过60%的员工认为中资企业尊重本地风俗习惯；接近70%的菲律宾员工认同中资企业尊重其宗教信仰；超过60%的菲律宾员工喜欢或接受中资企业的工作作息时间；超过50%的菲律宾员工同意或基本同意"中外员工晋升制度是一致的"。中外员工晋升制度方面的认同度相对较低，需要在菲中资企业对外方员工的晋升制度进行更周密的考虑和安排。

第 九 章

菲律宾中资企业员工的
媒体利用和文化消费

菲律宾中资企业员工通过何种渠道获得关于企业和中国相关的信息，这不仅关系到员工的生活习惯，也关系到企业或中方向员工传递信息时媒体的选择。菲律宾企业员工文化消费习惯（如电影、电视剧、音乐等的选择）也是各国在菲律宾软实力的体现之一。了解这些信息，对于精确传递信息、讲好中国故事是非常有必要的。

第一节　互联网和新媒体

本节以性别、年龄、受教育程度、收入水平四个因素为变量，考察不同条件下菲律宾员工获得信息的渠道，同时还分析关于中国的新闻特别是涉及中方对菲捐赠等项目的新闻是通过什么渠道传播到菲律宾民众中去的。

在图 9 - 1 中，我们可以看到在近一年内员工了解中国信息的渠道分布的百分比。被调查的菲律宾员工中，通过本国电视、本国网络和中国新媒体了解中国信息的员工较多。其中，通过本国电视渠道了解中国信息的员工最多，有 74.40% 的员工通过本国电视了解中国的信息，有近 27.07% 的员工通过本国网络渠道了解中国信息。通过中国传统媒体和企业内部文字、图片等渠道了解中国信息的员工较少，分别为5.60%和3.07%。同时，我们可以看到，通过中国新媒体渠道和菲律宾本国网络渠道了解中国信息的员工数量相差不大，说明中国新媒体的快速发展有助于中资企业的员工了解中国信息。此外，值得注意的是，也有一成以上（11.87%）的员工通过企业内部员工渠道来了解中国的信息。

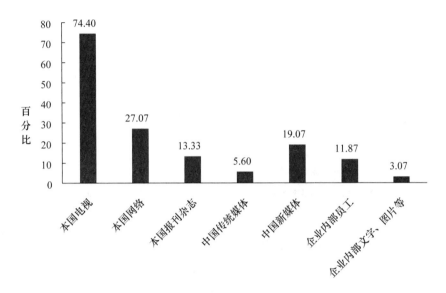

图9-1　近一年内员工了解中国信息的渠道分布（多选题）（N=750）

中资企业的菲籍员工更多的是通过本国电视和网络来了解中国信息。随着中国新媒体的快速发展，外籍员工通过这一渠道了解中国信息的人数也较多。员工很少通过中国传统媒体和企业内部文字、图片等获得中国的信息。

表9-1所示的是近一年内员工是否从菲律宾媒体收看中国相关新闻的状况。共有四种情况：在730名员工中，通过菲律宾媒体收看过中国大使馆对菲律宾的捐赠新闻的人数占比为58.36%；在720名员工中，收看过中国援助菲律宾修建铁路、桥梁、医院和学校新闻的人数占比为69.03%；在715名员工中，收看过菲律宾学生前往中国留学的新闻人数占比为42.80%；在721名员工中，收

看过中国艺术演出的新闻人数占比为 55.20%。其中，近七成（69.03%）的员工收看过中国援助菲律宾修建铁路、桥梁、医院和学校的新闻，这说明员工对这一方面的新闻最为关切。收看过中国大使馆对菲律宾捐赠新闻的人数占比次之，收看过菲律宾学生前往中国留学的新闻人数占比最少。这说明对于当地员工来说，他们更关注本国的基础设施建设。

表 9 - 1   近一年内员工是否从菲律宾媒体收看
中国相关新闻的状况 （单位：个、%）

相关新闻	样本量	是	否
中国大使馆对本国的捐赠新闻	730	58.36	41.64
中国援助本国修建道路、桥梁、医院和学校的新闻	720	69.03	30.97
本国学生前往中国留学的新闻	715	42.80	57.20
中国艺术演出的新闻	721	55.20	44.80

图 9 - 2 所示的是按性别划分的近一年内菲律宾员工了解中国信息的渠道分布情况。在男性员工中，有七成以上（75.98%）的员工通过电视渠道了解中国信息，而女性员工使用通过该渠道获取中国信息的占比为 71.07%，比男性员工略低。由此可知，从整体上看，电视渠道是菲律宾中资企业的员工获取中国信息的重要渠道。除此之外，网络也是员工了解中国信息的重要渠道，这对于女性员工来说尤为显著，有三成以上（31.82%）的女性员工通过该渠道了解中国的信息。同时，中国新媒体和企业内部员工渠道也是员工了解中国信息较为重要的渠道，分别有近两成（21.07% 和 17.36%）的女性员工通过这两种渠道了解中国信息。相比之下，报刊杂志、中国传统媒体和企业内部资料在帮助菲律宾员工了解中国信息方面的作用不大。

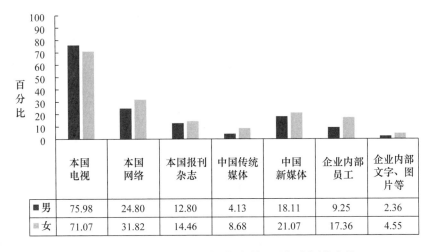

图9－2　按性别划分的近一年内员工了解中国信息的
渠道分布（多选题）（N＝750）

	本国电视	本国网络	本国报刊杂志	中国传统媒体	中国新媒体	企业内部员工	企业内部文字、图片等
男	75.98	24.80	12.80	4.13	18.11	9.25	2.36
女	71.07	31.82	14.46	8.68	21.07	17.36	4.55

可以看到，通过电视、网络、报刊和企业内部员工渠道了解中国信息的男性员工比例和女性员工比例相差较大。其中，通过电视渠道了解中国信息的男性员工和女性员工比例相差最大；通过网络和企业内部员工渠道了解中国信息的女性员工比例明显多于男性员工。通过中国传统媒体、中国新媒体和企业内部材料渠道了解中国信息的男性员工比例与女性员工比例相差不大。虽然性别对于员工选择了解中国信息的渠道有一定的影响，但是两种情况的总体趋势基本一致。

从图9－3可以看到按年龄组划分的近一年内菲律宾员工了解中国信息的渠道分布情况。当按年龄组划分时，年龄在16到25岁之间和26岁到35岁之间的员工中，均有较多（68.21%和75.56%）的员工通过电视渠道了解中国信息，而年龄在36岁及以上的员工中，有八成的员工通过电视渠道了解中国的信息，相较于年龄较低的群体高了一成左右。因此，不难看出，通过电视渠道获取信息的员工比例与员工的年龄结构呈正相关关系，即年龄越大，这一比例越高；而通过中国新媒体和企业内部资料渠道了解中国信息的员工比例与年龄结构呈负相关关系，其中，年龄在16到25岁之间的员工中有两成以上（24.62%）通过新媒体了解中国的信息。此外，网络也是员工了解中国信息的这一渠道。可以看到，均有两成左右（25.64%、26.78%和28.46%）的员工通过网络渠道了解中国的信息。同时，企业内部员工渠道也是较为重要的渠道，对于各个年龄层次的员工来说，分别有一成左右（16.41%、10.17%和10.38%）的员工通过该渠道了解信息。因此，这可以说明，年龄的结构对员工选择了解中国信息的渠道方式有一定的影响。但是，从整体来看，各年龄组选择的渠道方式仍与总体趋于一致。

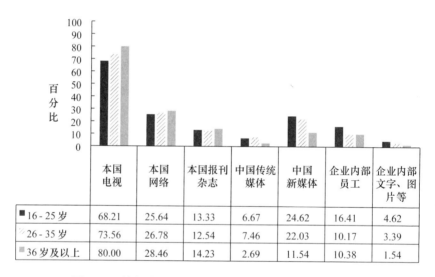

百分比	本国电视	本国网络	本国报刊杂志	中国传统媒体	中国新媒体	企业内部员工	企业内部文字、图片等
■16-25岁	68.21	25.64	13.33	6.67	24.62	16.41	4.62
▨26-35岁	73.56	26.78	12.54	7.46	22.03	10.17	3.39
▨36岁及以上	80.00	28.46	14.23	2.69	11.54	10.38	1.54

图9-3 按年龄组划分的近一年内员工了解中国信息的
渠道分布（多选题）（N=750）

在图9-4中，我们可以看到按受教育程度划分的员工了解中国信息的渠道分布。除了未受过教育的员工，在小学学历员工中，有八成以上（86.84%）的员工通过电视渠道了解中国信息。中学学历中有七成以上（77.95%）的员工选择该渠道，比受教育程度低的群体低了近一成。学历在本科及以上的员工中，也有七成（70.36%）的菲律宾员工通过电视渠道获取中国的信息，比中学学历的员工比例略低。综上，从整体上看，菲律宾员工获取中国信息的最主要的渠道是电视渠道，且这样的渠道与员工的受教育程度呈负相关关系。其次，网络也是员工了解中国信息的重要渠道：有两成左右（26.40%和29.12%）的中学学历和本科及以上学历的员工通过该渠道了解中国信息。此外，中国新媒体也是菲律宾员工了解中国信息较为重要的渠道。有超过两成（23.45%）的本科及以上的员工通过该渠道了解中国信息。最后，值得注意的是，对于本科及以上的员工来说，企业内部员工也是其了解中国信息的重要渠道，有一成以上（16.24%）的员工通过企业内部员工渠道了解中国信息。综上，我们可以认为教育程度对于员工选择了解中国信息的渠道有一定的影响，其中，差异最大的是电视渠道，本科及以上的员工通过该渠道了解中国信息的员工比例比小学学历的员工比例低一成以上。但是，各教育程度的菲律宾员工选择信息获取渠道的趋势仍总体趋于一致。

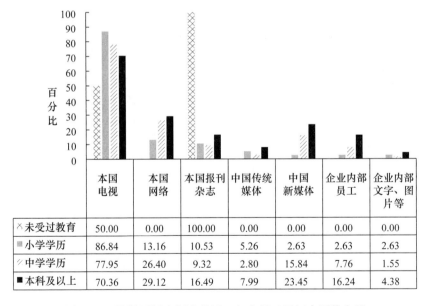

	本国电视	本国网络	本国报刊杂志	中国传统媒体	中国新媒体	企业内部员工	企业内部文字、图片等
☒未受过教育	50.00	0.00	100.00	0.00	0.00	0.00	0.00
▨小学学历	86.84	13.16	10.53	5.26	2.63	2.63	2.63
▧中学学历	77.95	26.40	9.32	2.80	15.84	7.76	1.55
■本科及以上	70.36	29.12	16.49	7.99	23.45	16.24	4.38

图9-4 按学历层次划分的近一年内员工了解中国信息的
渠道分布（多选题）（$N=750$）

在图9-5中，我们可以看到按月收入划分的近一年内员工了解中国信息的渠道分布。在554个员工中，各个收入层次的人群中都有七成以上的员工通过本国电视渠道了解中国的信息；其次是有两成到三成的员工通过本国网络了解中国的信息，相比于电视渠道，网络渠道的员工比例比前者低了近四成。此外，中国新媒体和企业内部员工也是员工了解中国信息的重要渠道，有一成到两成的员工通过该渠道了解中国的信息。

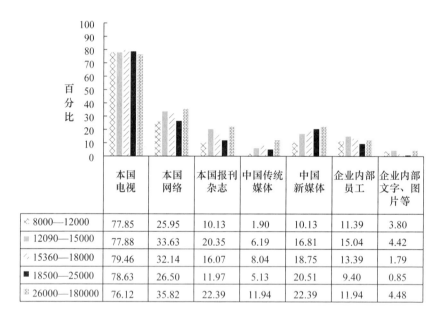

	本国电视	本国网络	本国报刊杂志	中国传统媒体	中国新媒体	企业内部员工	企业内部文字、图片等
8000—12000	77.85	25.95	10.13	1.90	10.13	11.39	3.80
12090—15000	77.88	33.63	20.35	6.19	16.81	15.04	4.42
15360—18000	79.46	32.14	16.07	8.04	18.75	13.39	1.79
18500—25000	78.63	26.50	11.97	5.13	20.51	9.40	0.85
26000—180000	76.12	35.82	22.39	11.94	22.39	11.94	4.48

图9-5　按月收入划分的近一年内员工了解中国信息的
渠道分布（多选题）（$N=567$）

如图9-5所示，我们可以发现不同月收入的员工选择了解中国信息的渠道有所差异。收入较高的菲律宾员工，其了解中国相关信息的渠道较为多元，以电视为主，但本国网络、本国报刊杂志、中国传统媒体、中国新媒体、企业内部员工等渠道都是他们了解相关信息的渠道。收入相对较低的菲律宾员工，其信息来源则相对单一，本国电视和本国网络是其了解中国相关信息的主要渠道。

综上，可以看出，无论样本员工的月收入处于哪一层次，他们最常使用的了解中国信息的渠道均为电视渠道，其次为网络渠道，最不常使用的渠道为中国传统媒体和企业内部资料，这与总体趋势是一致。

第二节　文化消费

表 9-2 所示的是员工观看不同国家的电影/电视剧的频率分布情况。从总体上看，有 33.38% 的菲律宾员工很频繁地观看美国的电影/电视剧，远远高于观看韩国、中国和日本的电影或电视剧的比例。同时，可以看到，员工从不观看印度电影/电视剧的频率最高，达到 59.63%，远远高出其他国家的频率。因此，可以看出，员工最经常观看的是美国的电影/电视剧，最不经常观看的是印度的电影/电视剧。对于中国、日本和韩国的电影/电视剧，员工大多是有时观看，很少人很频繁地观看，各国频率相差不大。

表 9-2　　　员工观看不同国家的电影/电视剧的频率分布　　　（单位:%）

频率	华语电影/电视剧 N=750	日本电影/电视剧 N=749	韩国电影/电视剧 N=750	印度电影/电视剧 N=748	美国电影/电视剧 N=749
从不	18.80	23.77	16.67	59.63	3.87
很少	12.67	14.55	11.07	14.44	3.07
有时	54.13	49.13	45.87	22.06	29.77
经常	10.67	10.55	18.00	3.48	29.91
很频繁	3.73	2.00	8.40	0.40	33.38

表 9-3 所示的是员工对不同国家音乐喜爱程度的频率分布情况。从总体上看，喜欢美国音乐的员工最多，"非常喜欢"和"喜欢"的

频率合计达到八成以上（83.18%），远超其他国家。其次是喜欢韩国音乐的员工，"非常喜欢"和"喜欢"的频率合计超过30%。同时，可以观察到，不喜欢印度音乐的员工比例最多，"不喜欢"和"非常不喜欢"的频率合计为67.40%，同样远远超过其他国家。其次不喜欢日本音乐的员工比例（"不喜欢"和"非常不喜欢"）达到四成以上。对于华语音乐，员工喜欢程度一般。

表9-3　　　员工对不同国家音乐喜爱程度的频率分布　　（单位:%）

喜欢程度	华语音乐 N=738	日本音乐 N=733	韩国音乐 N=742	印度音乐 N=727	美国音乐 N=749
非常喜欢	1.49	0.82	5.39	0.96	37.12
喜欢	16.80	13.10	25.34	3.85	46.06
一般	46.07	40.25	39.35	27.79	11.48
不喜欢	31.57	41.75	26.42	58.18	4.81
非常不喜欢	4.07	4.09	3.50	9.22	0.53

小　结

在媒体方面，本章主要从性别、年龄、受教育程度和月收入四个角度来分析菲律宾员工了解中国信息的渠道。可以看出，通过电视渠道了解中国信息的男员工的比例远远高于女员工，通过网络和企业内部员工渠道了解中国信息的女员工比例则明显多于男员工；年龄越大，通过电视渠道了解中国信息的员工比例越大，而年龄越小，通过中国新媒体和企业内部资料渠道了解中国信息的员工比例越大；受教育程度越低，通过电视渠道了解中国信息的员工比例越小，而受教育程度越高，通过中国新媒体和企业内部员工渠道了解中国信息的员工比例越大；无论月收入如何，菲律宾员工大多通过电视渠道来了解中国信息。因此，综合以上信息，可以知道，在媒体方面，中资企业的菲律宾籍员工更多的是通过本国电视和网络来了解中国信息。随着中国新媒体的快速发展，外籍员工通过这一渠道了解中国信息的人数也较多。员工最不常使用的了解中国信息的渠道是中国传统媒体和企业内部资料。

在文化消费方面，本章从员工观看不同国家电影/电视剧和对不同国家音乐的喜爱程度来分析菲律宾员工的文化消费，从数据上看，员工最经常观看的是美国的电影/电视剧，最不经常观看的是印度的电影/电视剧，对于中国、日本和韩国的电影/电视剧，员工大多是有时观看。同样，对于音乐方面，菲律宾员工最喜欢的是美国音乐，最不喜欢的是印度音乐。

第 十 章

菲律宾员工对中国品牌与
对外关系的认知

　　本章涵盖三大领域，分别为菲律宾员工对中国品牌的认知、对中国企业社会责任的认知和对各国在菲律宾影响力的认知。菲籍员工对中国品牌的认知为我们认识菲国内对中国企业和中国产品的评价提供了窗口。中国企业的社会责任是国内外高度关注的话题，本章从菲律宾员工的视角出发，来了解菲律宾员工对中资企业社会责任的实际看法，澄清对中资企业的误解和偏见。这是我们将来促进中菲经济合作，实现中菲经济互利共赢发展的基础。本章还对各国在菲的影响力进行调研，了解菲民众对各国的认知。菲民众对外交关系特别是对华关系的看法也是中菲关系的重要影响变量。在"一带一路"建设的背景下，中菲民心相通的基础是中菲了解程度的加深，因此也有必要知晓普通菲律宾民众如何看待他国和本国的关系。

第一节　中国品牌

　　对中国品牌的认可程度，既表明中国企业在菲律宾的认可度，又是中国在菲律宾软实力的构成部分。图 10 - 1 是按性别划分的员工对本企业外的中国产品品牌的知晓状况。总体而言，约有 1/3 的菲律宾员工知道除了本企业以外的其他中国品牌。可以看到，性别对员工对本企业外的中国产品或品牌的知晓状况存在明显的影响。其中，近三成（29.84%）男性员工知道本企业外的中国产品或品牌。相比于女性员工，前者比后者要低一成左右。因此，可以得出，女性员工对本企业外的中国产品或品牌的知晓情况要优于男性员工。

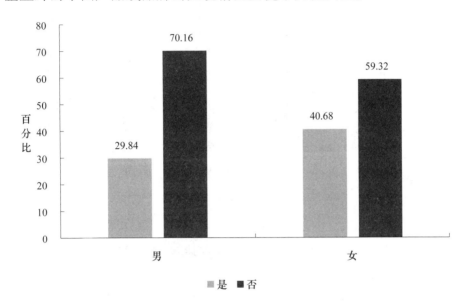

图 10 - 1 按性别划分的员工对本企业外的中国产品
或品牌的知晓状况（N = 732）

图 10 - 2 所示的是按受教育程度划分的员工对本企业外的中国产品品牌的认知状况。在 732 名员工中，只有 33.33% 的员工知道本企业外的中国产品或品牌。按照受教育程度划分时，可以看到受教育程度对员工对本企业外的中国品牌的认知状况有明显的影响。当不考虑未受过教育员工的情况时，我们发现，随着学历的提高，员工对本企业外的中国品牌有认知的比例呈"U"形分布。其中，拥有本科及以上学历的员工对本企业外的中国品牌有认知的比例最高，达到四成以上（44.59%）；拥有中学学历的员工对本企业外的中国品牌有认知的比例最低，仅为 20.38%，两者相差两成以上，差异明显。但是从总体上看，员工对本企业外的中国品牌的认知状况依然不佳，对本企业外的中国品牌有认知的员工比例都比较低。

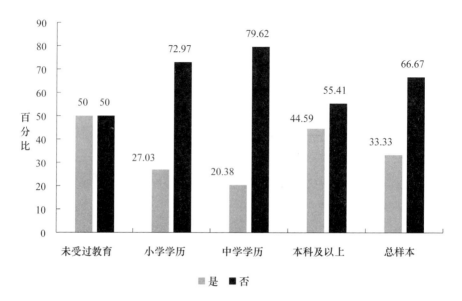

图 10 - 2   按受教育程度划分的员工对本企业外的
中国产品或品牌的知晓状况（N = 732）

图 10 - 3 所示的是管理人员与非管理人员对本企业外的中国品牌

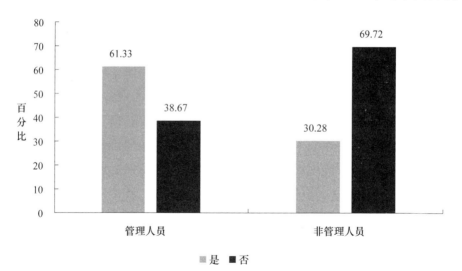

图 10 - 3   管理人员与非管理人员对本企业外的
中国产品或品牌的知晓状况（N = 729）

的认知状况。可以看到，是否为管理人员对员工对本企业外的中国品牌的知晓状况有明显的影响。其中，六成以上（61.33%）的管理人员知晓本企业外的中国品牌，与非管理人员相比，前者比后者高出三成多。因此，可以得出，管理人员比非管理人员对本企业外的中国品牌有认知的比例高，对本企业外的中国品牌的认知状况更好。

　　表10－1所示的是按上网频率划分的员工对本企业外的中国产品或品牌的认知状况。在729名员工中，只有小部分（33.47%）员工对本企业外的中国品牌有认知。

表 10 － 1　　　　　　　按上网频率划分的员工对本企业外的
中国产品或品牌的知晓状况　　　　（单位:%）

上网频率	是	否
一天几个小时	38.72	61.28
一天半小时到一小时	25.00	75.00
一天至少一次	25.51	74.49
一周至少一次	34.15	65.85
一个月至少一次	25.00	75.00
一年几次	0.00	100.00
几乎不	5.56	94.44
从不	23.91	76.09
总计	33.47	66.53

$N = 729$。

　　按照上网频率划分时，可以看到，不同上网频率的员工对本企业外的中国品牌的认知状况存在差异。其中，除了一年上网几次的员工外，一天上网几个小时的员工中有近四成（38.72%）对本企业外的中国产品品牌有认知，比例最高。几乎不上网的员工对本企业外的中国品牌有认知的比例最低，不足6%，前者比后者高三成以上。同时，也可以看到，一天上网半小时到一小时、一天至少上网一次以及一个月至少上网一次的员工对本企业外的中国品牌有认知的比例相差不大，都为25%左右。因此，不同的上网频率对员工对本企业外的中国品牌的知晓状况存在影响，但也要看到，无论上网频率如何，员工对本企业外的中国产品品牌有认知的比例均较低，不足四成。

图10-4所示的是男性员工印象最深的中国企业分布。在508名男性员工中，七成多（70.87%）的男性员工未对该问题做出回答。15.16%的员工对"其他"企业印象最深，其次是"OPPO"，有5.71%的员工对其印象最深。对"华为"的印象最深的员工比例仅仅比"OPPO"低了0.59个百分点。对"小米"印象最深的员工比例为1.77%，同样，对"VIVO"印象最深的员工比例也比"小米"低了0.59个百分点，为1.18%。最后，对"海信"印象最深的员工比例为0.20%。男性样本员工对华为和OPPO印象最深的比例较高，二者相差不大；其次是VIVO和小米，两者比例同样相差不大；对海信印象最深的男性员工比例最低。

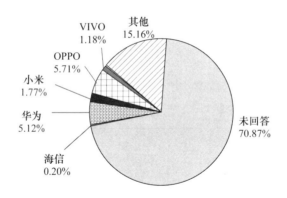

图10-4　男性员工印象最深的中国品牌分布（N=508）

图10-5所示的是女性员工印象最深的中国品牌分布。在242名女性员工中，六成多（60.33%）的员工未对该问题做出回答。可以看到，女性员工对华为印象最深的比例达到11.57%，而对OPPO印

象最深的比例为 5.79%，前者比后者高 5% 左右。此外，女性员工对小米印象最深的比例比对 VIVO 印象最深的比例高 1% 左右，后者仅为 2.07%。

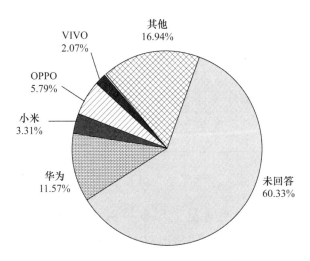

图 10 - 5　女性员工印象最深的中国品牌分布（N = 242）

因此，可以看出，性别对员工印象最深的中国企业分布有一定的影响。其中，对华为印象最深的女性员工比例要比男性员工高 6% 左右，而对 OPPO 印象最深的男性员工比例和女性员工比例差不多。此外，女性员工对小米和 VIVO 印象最深的比例均比男性员工要高。但是，也可以看到，无论是男性员工还是女性员工，对华为和 OPPO 两家企业印象最深的员工比例最高。

表 10 - 2 所示的是按上网频率划分的员工印象最深的中国企业分布。在 747 名员工中，近七成（67.34%）的员工未对该问题做出回答。在余下的员工中，7.23% 的人对华为印象最深，与对 OPPO 印象最深的员工比例相比，前者比后者高两个百分点左右。此外，员工对小米印象最深的比例和对 VIVO 印象最深的比例差不多，前者略高于后者。员工对海信印象最深的比例最低，仅为 0.13%。

表 10－2　　　　　　按上网频率划分的员工印象最深的中国企业分布　　　　（单位：%）

上网频率	未回答	海信	华为	小米	OPPO	VIVO	其他
一天几个小时	62.20	0.22	9.07	3.24	6.26	1.30	17.71
一天半小时到一小时	75.00	0.00	6.67	3.33	1.67	3.33	10.00
一天至少一次	75.49	0.00	3.92	0.00	3.92	0.98	15.69
一周至少一次	67.44	0.00	6.98	0.00	6.98	2.33	16.28
一个月至少一次	76.92	0.00	0.00	0.00	7.69	7.69	7.69
一年几次	100.00	0.00	0.00	0.00	0.00	0.00	0.00
几乎不	94.44	0.00	0.00	0.00	5.56	0.00	0.00
从不	76.09	0.00	2.17	0.00	8.70	0.00	13.04
总计	67.34	0.13	7.23	2.28	5.76	1.47	15.80

$N = 747$。

可以发现，上网频率对员工印象最深的企业分布存在一定的影响。当不考虑一年上网几次的情况时，可以看到，一天上网几个小时的员工对华为印象最深的比例最大，达到近一成（9.07%）；从不上网的员工对华为印象最深的比例最低，前者比后者高七个百分点左右。对于小米来说，一天上网几个小时和一天上网半小时到一小时的员工对其印象最深的比例相差不大，均为 3% 以上；其他上网频率对小米印象最深的比例均为 0.00%。对于 OPPO 来说，从不上网的员工对其印象最深的比例最大，为 8.70%；一天上网半小时到一小时的员工对其印象最深的比例最小，仅为 1.67%。同时，也可以看到，无论上网频率如何，都有一部分人对 OPPO 印象最深。对于 VIVO 来说，一个月上网至少一次的员工对其印象最深的比例最高，为 7.69%；一天上网至少一次的员工对其印象最深的比例最低，不足 1%（0.98%）。对于海信来说，只有一天上网几小时的员工对其印象最深的比例达到 0.22%，其他上网频率对其印象最深的比例均为 0.00%。

因此，可以看出，上网频率的确对员工印象最深的企业分布存在一定的影响。比如，对海信、华为、小米和 VIVO 的了解都比较依赖员工的上网频率。

总体而言，约有 1/3 的菲律宾员工知道除了本企业以外的其他中国品牌。女性员工对本企业外的中国产品品牌知晓情况要优于男性员工，拥有本科及以上学历的员工知晓对本企业外的中国品牌的比例最高，有六成以上（61.33%）的管理人员知晓本企业外的中国品牌，上网频率较高的员工知道本企业外的中国品牌的概率更高。绝大多数菲律宾员工无法列举印象较深的中国企业，在少部分菲律宾员工列举出的其他中国品牌中，"华为"被提及的频率最高，"OPPO"次之，其他品牌在菲律宾的渗透率还不高。

第二节　企业社会责任

中资企业的企业社会责任（CSR）不佳是很多人对中资企业的"刻板印象"，这一方面是由于企业社会责任本身就是舶来品，中资企业对此有一个学习和熟悉的过程；另一方面，中资企业走出来的时间较短，走出国门面临各种外部的挑战，很多企业将重点放在做好企业和产品本身，而对企业社会责任的重视程度不够。在西方掌握话语体系和舆论权力的情况下，中资企业的企业社会责任很容易成为被攻击的对象，久而久之，就成为一种"刻板印象"。本节基于调研获得的数据，对中资企业在菲律宾的企业社会责任进行实证分析。

图 10-6 所示的是员工最希望本企业在本地开展的援助类型分布。在 745 名员工中，有八成左右的员工最希望本企业在本地开展"教育援助"（81.33%）和"卫生援助"（78.40%），对这两种援助的呼声最高；其次是"培训项目"方面的援助，有五成以上（58.40%）的员工希望企业在本地区开展此种援助。此外，值得注意的是，有一成多（12.53%）员工最希望本企业在本地开展"社会服务设施"援助。员工最希望本企业在本地开展"水利设施"和"修建寺院"的比例较小，均低于 10%。同时，我们也可以看到员工

最希望本企业在本地开展"公益慈善捐赠（以钱形式）"的比例为5.47%，比"公益慈善捐赠（以实物形式）"的比例要小八个百分点多。也就是说，相比于以金钱的形式，员工更希望企业在本地以实物形式进行捐赠。

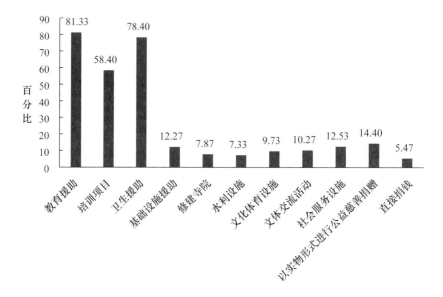

图 10-6 员工最希望本企业在本地开展的援助类型分布（多选题）（N = 750）

因此，我国企业在菲律宾开展援助项目应该更多地将资金投向"卫生援助"领域，也可以以实物形式进行公益捐赠，相反，在"水利设施"和"修建寺庙"领域应该相应地减少资金投入。

表10-3所示的是员工对企业在本地开展援助项目类型的知晓状况。企业在本地开展的所有援助项目类型中，员工对"以钱或实物形式进行公益慈善捐赠""卫生援助"和"培训项目"三方面的援助有认知的比例较高，均达到半数以上，其中对"以钱或实物形式进行公益慈善捐赠"有认知的比例最高，为58.13%；其次是"卫生援助"，比例为57.62%。同时，也可以看到，低于三成（26.17%）的员工对企业在本地开展"修建寺院"援助有认知，比例最低。此外，员

工对企业在本地开展"水利设施""电力设施""文化体育设施"以及"文体交流活动"知晓的比例相差不大，均为四成左右。员工对企业在本地开展"教育援助"和"基础设施援助"的知晓比例亦相差不大，均达到44%。

表10-3　　　员工对企业在本地开展援助项目类型的知晓状况　　　（单位:%）

类别	有	没有	不清楚	合计
教育援助	44.00	41.60	14.40	100.00
培训项目	53.73	36.53	9.73	100.00
卫生援助	57.62	31.68	10.70	100.00
基础设施援助	44.53	42.93	12.53	100.00
修建寺院	26.17	57.28	16.56	100.00
水利设施	37.33	47.73	14.93	100.00
电力设施	39.33	47.33	13.33	100.00
文化体育设施	36.40	48.53	15.07	100.00
文体交流活动	40.00	49.33	10.67	100.00
社会服务设施	42.00	47.07	10.93	100.00
以钱或实物形式进行公益慈善捐赠	58.13	26.93	14.93	100.00

$N = 750$。

因此，可以看出，企业应该在本地更多地进行"以钱或实物形式进行公益慈善捐赠"、"卫生援助"和"培训项目"，在这些方面投入更多的资金。一方面，因为这些项目是当地员工迫切需要的；另一方面，员工对这类援助的知晓情况更好，更容易被传播。相反，企业应该在"水利设施"和"修建寺院"等项目上减少投入。

第三节　大国影响力评价

各大国在菲律宾的影响力是其软实力的重要表现，也是各国发展对菲关系的基础。通过各大国影响力的比较，可以发现自身的不足，进而更好地指导企业和政府部门开展对菲律宾的公共外交。

表 10-4 所示的是按性别划分的员工认为哪个国家在亚洲的影响力最大的情况。在 727 名员工中，超过半数（56.67%）的员工认为中国在亚洲的影响力最大，认为美国在亚洲的影响力最大的员工达到三成以上（34.39%），前者比后者高出两成以上。相比于中国、日本和美国，仅有 0.41% 的员工认为印度在亚洲的影响力最大。

表 10-4　　　　按性别划分的员工认为哪个国家在亚洲的影响力最大　　　（单位：%）

性别	中国	日本	美国	印度	其他
男	57.03	6.92	35.03	0.61	2.41
女	55.93	6.36	33.05	0.00	0.00
总计	56.67	6.74	34.39	0.41	1.74

$N = 727$。

按照性别划分时，可以看到，性别对员工认为哪个国家在亚洲的影响力最大的影响不大。其中，男性员工中，认为中国在亚洲的影响力最大的比例达到 57.03%，比女性员工的同一选择高出一个百分点左右。同时，认为美国在亚洲的影响力最大的男性员工的比例为 35.03%，比女性员工的这一比例高出两个百分点左右。此外，不足 1% 的男性员工认为印度在亚洲的影响力最大，而没有女性员工认为印度在亚洲的影响力最大。因此，可以看到，男性和女性认为哪个国家在亚洲影响力最大的情况略微存在一些差异，但这些差异很微小。因此，可以认为性别对于员工认为哪个国家在亚洲的影响力最大的情况基本没有影响，均与总体样本趋于一致。

在表 10-5 中，可以看到年龄对于员工认为"哪个国家在亚洲的影响力最大"具有一定的影响。随着年龄的增大，认为中国在亚洲的影响力最大的员工比例呈倒"U"形分布。也就是说，年龄在26—35岁之间的员工中，认为中国在亚洲的影响力最大的比例最大，将近六成（59.31%），而16—25岁的员工认为中国在亚洲的影响力最大的比例最低，前者比后者高六个百分点以上。此外，对于日本和美国来说，随着年龄的增大，认为这两国在亚洲的影响力最大的比例均呈"U"形分布。对于印度来说，仅在16—25岁之间的员工中，有一小部分认为印度在亚洲的影响力最大，这一比例不足2%。因此，不同年龄结构的员工认为哪个国家在亚洲的影响力最大的情况存在一些差异。但是从总体上看，在各个年龄结构，都有超过半数的员工认为中国在亚洲的影响力最大，超过三成的员工认为美国在亚洲的影响力最大，不足一成的员工认为日本在亚洲的影响力最大，即与总体趋势一致。

表10-5　　按年龄组划分的员工认为哪个国家在亚洲的影响力最大　（单位：%）

年龄组	中国	日本	美国	印度	其他
16—25 岁	53.19	7.45	34.57	1.60	3.19
26—35 岁	59.31	5.52	33.79	0.00	1.38
36 岁及以上	56.22	7.63	34.94	0.00	1.20
总计	56.67	6.74	34.39	0.41	1.79

$N = 727$。

在表10-6中，可以看到，受教育程度会对员工认为哪个国家在亚洲的影响力最大的情况产生影响。在不考虑未受过教育员工的情况下，随着学历的提升，员工认为中国在亚洲的影响力最大的比例呈负相关分布，即学历越高，认为中国在亚洲的影响力最大的比例越低。对于美国来说，随着学历的提高，认为美国在亚洲的影响力最大的员工比例呈"U"形分布：拥有小学学历的员工认为美国在亚洲的影响力最大的比例最大，为38.89%；拥有中学学历的员工比例最小，前者比后者高六个百分点左右。对于日本来说，随着学历的提高，认为日本在亚洲的影响力最大的员工比例呈倒"U"形分布，拥有中学学历的员工认为日本在亚洲的影响力最大的比例最高。此外，对于印度，只有拥有中学学历的一小部分员工认为印度在亚洲的影响力最大，这一比例不足1%。因此，受教育程度对员工认为哪个国家在亚洲的影响力最大的情况存在影响，即不同教育程度的员工对认为哪个国家在亚洲的影响力最大的情况存在差异，但与总体趋势相同。

表10-6　　　　　　　　按受教育程度划分的员工认为哪个国家

在亚洲的影响力最大　　　　　　　（单位:%）

最高学历	中国	日本	美国	印度	其他
未受过教育	50.00	0.00	50.00	0.00	0.00
小学学历	58.33	2.78	38.89	0.00	0.00
中学学历	57.28	8.74	32.36	0.97	0.65
本科及以上	56.05	5.53	35.53	0.00	2.89
总计	56.67	6.74	34.39	0.41	1.79

$N = 727$。

表10-7所示的是按族群划分的员工认为哪个国家在亚洲的影响力最大的情况。可以看到，不同族群的员工认为哪个国家在亚洲的影响力最大的情况不同。对于中国来说，伊洛戈族员工认为其在亚洲的影响力最大的比例最高，达到六成以上（65.71%），而米沙鄢族员工认为中国在亚洲的影响力最大的比例最低，前者比后者高出近两成。对于日本来说，米沙鄢族员工认为其在亚洲的影响力最大的比例最大，达到一成以上（10.87%），而在宿雾族员工中，没有员工认为日本在亚洲的影响力最大，所以前者比后者高一成以上。对于美国来说，比科尔人认为其在亚洲的影响力最大的比例最大，达到四成以上（42.86%），而伊洛戈族的员工认为其在亚洲的影响力最大的比例最小，不足三成（28.57%）。对于印度来说，只有他加禄族中有

小部分员工认为其在亚洲影响力最大，这一比例不足1%。其他族群中，均没有员工认为印度在亚洲的影响力最大。因此，不同族群对员工认为哪个国家在亚洲的影响力最大的情况存在影响。

表10−7　　　　按族群划分的员工认为哪个国家在亚洲的影响力最大　　　（单位:%）

族群	中国	日本	美国	印度	其他
他加禄族	56.36	7.45	33.82	0.55	1.82
宿雾族	53.85	0.00	30.77	0.00	15.38
伊洛戈族	65.71	5.71	28.57	0.00	0.00
米沙鄢族	45.65	10.87	41.3	0.00	2.17
比科尔人	57.14	0.00	42.86	0.00	0.00
其他	63.93	1.64	34.43	0.00	0.00
总计	56.75	6.75	34.3	0.41	1.79

$N = 726$。

　　按在本企业工作时长划分，员工认为哪个国家在亚洲的影响力最大状况没有明显的差异性，但若仔细观察，可以发现随着员工在本企业工作时长的变化，各国的比例呈"U"形或倒"U"形分布。首先，认为中国在亚洲的影响力最大的员工比例呈倒"U"形分布，开始时随着在本企业工作时长的增加而增大，在第3年时，这一比例达到最大值。但到了第4年，这一比例则有所下降。同样，认为印度在亚洲的影响力最大的员工比例也基本上呈倒"U"形分布。其次，认为日本在亚洲的影响力最大的员工比例变化呈"U"形分布。同样，认为美国在亚洲的影响力最大的员工比例也基本呈"U"形分布，而认为其他国家在亚洲的影响力最大的员工比例变化规律不明显。

　　虽然随着员工在本企业工作时长的变化，其认为哪个国家在亚洲的影响力最大的比例出现一定的变化，但是从总体上看，总是有超过半数的员工认为中国在亚洲的影响力最大，其次是有超过三成的员工认为美国在亚洲的影响力最大，而认为印度在亚洲的影响力最大的员工比例不足1%。这一总体趋势没有随着员工在本企业工作时长的变化而变化，是趋于一致的，如图10-7所示。

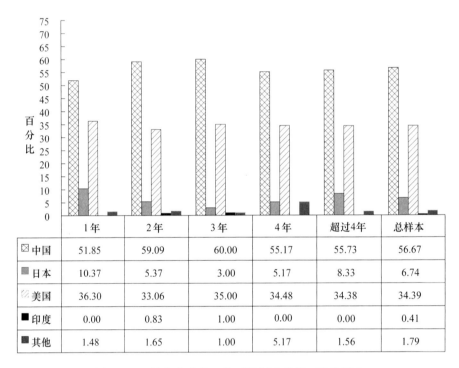

	1年	2年	3年	4年	超过4年	总样本
中国	51.85	59.09	60.00	55.17	55.73	56.67
日本	10.37	5.37	3.00	5.17	8.33	6.74
美国	36.30	33.06	35.00	34.48	34.38	34.39
印度	0.00	0.83	1.00	0.00	0.00	0.41
其他	1.48	1.65	1.00	5.17	1.56	1.79

图 10-7　按在本企业工作时长划分的员工认为哪个
国家在亚洲的影响力最大（$N = 727$）

图 10-8 所示的是按工作中是否使用电脑划分的员工认为哪个国家在亚洲的影响力最大的状况。可以看到，在工作中使用电脑的员工样本中，有半数以上（53.91%）的员工认为中国在亚洲的影响力最大，有近四成（37.15%）的员工认为美国在亚洲的影响力最大，认为在亚洲影响力最大的国家是日本的员工比例为5.87%，认为是其他国家的员工比例为3.07%。此外，没有人认为印度在亚洲的影响力最大。在工作中不使用电脑的员工中，近六成（59.35%）的员工认为中国在亚洲的影响力最大，三成以上（31.71%）的员工认为是

美国在亚洲的影响力最大，认为是日本的比例为 7.59%，认为是其
他国家或者印度的比例均不足 1%。

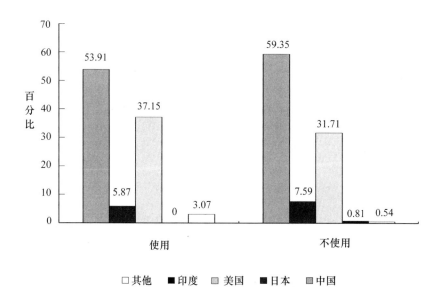

**图 10 - 8　按工作中是否使用电脑划分的员工认为哪个国家
在亚洲的影响力最大（N = 727）**

可以看出，与工作中不使用电脑的样本员工相比，使用电脑的员
工认为在亚洲的影响力最大的国家是中国、日本或者印度的比例均有
所下降，而认为是美国的员工比例有所上升。但两种情况总体上的趋
势是一致的。

按按员工外企工作经历划分，各类员工对亚洲最有影响力大国的
判断差异性明显。在 157 个有多国外企工作经历，现就职于中资企业
的员工中，曾在美国企业就职的员工中 60.87% 的员工认为中国在亚
洲的影响力最大，30.43% 的员工认为美国在亚洲的影响力最大。曾
在日本企业工作的员工中，55.56% 的员工认为中国在亚洲的影响力
最大，33.33% 的员工认为美国在亚洲的影响力最大。曾在韩国企业
工作的员工中，54.55% 的员工认为中国在亚洲的影响力最大，
31.82% 的员工认为美国在亚洲的影响力最大。总体而言，有过多国

外企工作经历的员工, 较大比例的员工认为中国在亚洲的影响力最大。(见表 10 - 8)

表 10 - 8 　　　　　　按员工外企工作经历划分的亚洲最有
影响力大国认可度 (多选题) 　　　　(单位:%)

去过的其他外资企业	中国	日本	美国	其他
美国企业	60.87	8.70	30.43	0.00
印度企业	80.00	0.00	20.00	0.00
日本企业	55.56	7.41	33.33	3.70
韩国企业	54.55	9.09	31.82	4.55
欧盟企业	33.33	16.67	50.00	0.00
其他企业	55.17	5.75	37.93	1.15

$N = 157$。

从总体上看, 除了去过欧盟企业工作的员工外, 曾在其他外资企业工作的员工认为哪个国家在亚洲影响力最大的趋势与总体趋势一致。

图 10 - 9 显示的是按家庭是否使用互联网划分的员工认为哪个国家在亚洲的影响力最大的情况。可以看到, 在家庭已联网的员工中, 认为在亚洲影响力最大的国家是中国的比例为 54.47%, 相比于家庭未联网的情况, 这一比例有所下降; 认为在亚洲影响力最大的国家是美国的比例为 35.79%, 相比于家庭未联网的情况, 这一比例有所上升; 认为日本在亚洲的影响力最大的员工比例在两种情况下相差不大, 印度的情况也是如此。

可以看出, 无论家庭是否联网, 均有超过半数的员工认为中国在亚洲的影响力最大, 也均有三成以上的员工认为美国在亚洲的影响力最大, 认为印度在亚洲的影响力最大的比例仍不足 1%, 与总体趋势一致。

表 10 - 9 显示的是是否用手机上网对员工认为哪个国家在亚洲的

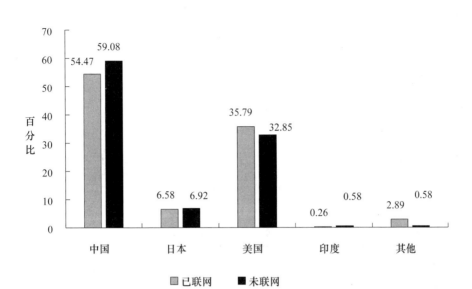

**图 10 - 9　按家庭是否联网划分的员工认为哪个国家
在亚洲的影响力最大（$N = 727$）**

影响力最大的影响。可以看到，认为中国在亚洲的影响力最大的员工
比例与手机是否联网呈负相关关系，而认为美国在亚洲的影响力最大
的员工比例与手机是否联网呈正相关关系；认为在亚洲的影响力最大
是日本的员工比例与手机是否联网无明显关系，印度情况也是如此。

表 10 - 9　　　　　　　　按是否用手机上网划分的员工认为
　　　　　　　　　哪个国家在亚洲的影响力最大　　　　（单位:%）

手机是否联网	中国	日本	美国	印度	其他
没有手机	73.08	3.85	19.23	3.85	0.00
是	55.34	6.63	35.76	0.32	1.94
否	61.45	8.43	28.92	0.00	1.20

$N = 727$。

　　从总体上看，无论是否用手机上网，都有超过半数的员工认为中
国在亚洲的影响力最大，两种情况的总体趋势是一致的。但是使用手

机上网的员工，认为中国在亚洲的影响力最大的比例有所下降，而认为美国在亚洲的影响力最大的员工比例有所上升。

在表 10 - 10 中，可以看到员工对中美在本地区的影响力评价的差异并不明显。对中美两国在本地区的影响力评价中，大部分（六成以上）员工的评价以正面为主。将"正面为主"的比例和"正面远多于负面"的比例合计起来，均达到 75% 以上。只有小部分员工对中美两国在本地区的影响力评价为负面为主。因此，可以看到，员工对中美两国的评价小有差异，但大致相同。

表 10 - 10　　　　　　员工对中美在本地区的影响力评价的差异　　　　（单位：%）

国家	负面远多于正面	负面为主	正面为主	正面远多于负面
中国	6. 28	15. 98	66. 90	10. 84
$N = 701$				
美国	5. 92	16. 45	65. 80	11. 83
$N = 693$				

图 10 - 10 显示的是员工认为菲律宾未来发展需要借鉴的国家分布。在 718 名员工中，5. 29% 的员工对该问题表示"不清楚"。在余下的员工中，多数人认为菲律宾未来发展需要借鉴中国、美国或者日本。其中，认为需要借鉴中国的员工比例最大，为 33. 57%。其次是日本，有 31. 34% 的员工认为菲律宾需要借鉴日本的发展经验。最后，认为需要借鉴印度的员工比例仅为 0. 42%，不足 1%。

表 10 - 11 显示的是按受教育程度划分的员工认为给菲律宾提供外援最多的国家分布。总体而言，50. 27% 的员工认为中国对菲律宾提供的对外援助最多，30. 78% 的员工认为美国对菲律宾提供的对外援助最多，10. 35% 的员工认为日本对菲律宾提供的对外援助最多。可以看到，除了未受过教育的员工，认为中国为菲律宾提供外援最多的员工比例随着教育程度的变化呈倒"U"形分布，中学学历的员工

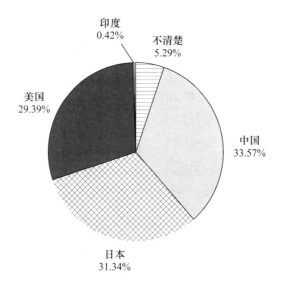

图10-10 员工认为菲律宾未来发展需要借鉴的国家分布（N=718）

比例最高，有近六成（57.32%）认为中国为菲律宾提供外援最多。小学学历和本科及以上学历的员工比例相差不大，均为44%左右。认为美国为菲律宾提供外援最多的趋势则是呈现"U"形分布，小学学历的员工比例最大（四成以上），中学学历的员工比例最低（近三成）。认为日本为菲律宾提供外援最多的员工比例与受教育程度呈现正相关关系，也就是说，本科及以上学历的员工比例最高（一成以上），小学学历的员工比例最低（不足一成）。

表10-11 按受教育程度划分的员工认为的为菲律宾

提供外援最多的国家分布 （单位:%）

最高学历	中国	美国	日本	印度	不清楚
未受过教育	50.00	0.00	50.00	0.00	0.00
小学学历	44.74	42.11	5.26	0.00	7.89
中学学历	57.32	29.91	6.23	0.31	6.23
本科及以上	44.91	30.55	14.10	0.00	10.44
总计	50.27	30.78	10.35	0.13	8.47

N=744。

从总体上看，由于受教育程度不一致，各教育程度的员工情况存在差异，但总体趋势趋于一致。

图 10 - 11 显示的是管理人员和非管理人员认为的为菲律宾提供外援最多的国家分布。在管理人员中，有一成多（10.96%）的员工对该问题表示不清楚，有四成以上（45.21%）的员工认为中国为菲律宾提供外援最多，比非管理人员的比例低五个百分点左右。有三成以上（31.51%）的员工认为美国为菲律宾提供的外援最多，略高于非管理人员的比例。认为是日本的比例为 12.33%，比非管理人员的比例高两个百分点左右。

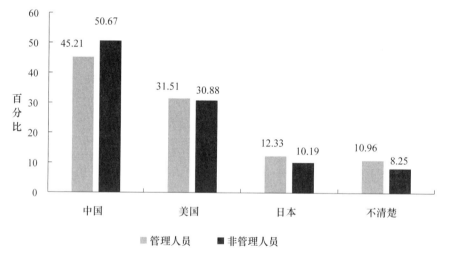

图 10 - 11　管理人员与非管理人员认为的为菲律宾
提供外援最多的国家分布（$N = 740$）

因此，可以看到，是否为管理人员对认为哪个国家为菲律宾提供外援最多的判断基本没什么影响，也就是说，两种情况是趋于一致的，均是认为中国为菲律宾提供外援最多的受访者比例最高，其次是认为美国为菲律宾提供外援最多的比例次之，然后是认为日本为菲律宾提供外援最多的受访者比例最低。

图 10-12 显示的是按工作是否使用电脑划分的员工认为的为菲律宾提供外援最多的国家分布状况。可以看到，工作是否使用电脑对受访者认为是中国为菲律宾提供外援最多的比例影响较大。在工作使用电脑的受访者中，认为中国为菲律宾提供外援最多的员工比例为45.05%，比在工作中不使用电脑的员工的比例低一成左右。此外，工作是否使用电脑对认为日本为菲律宾提供外援最多的员工比例影响也较大，前者要比不使用电脑的员工高八个百分点左右。工作是否使用电脑对认为美国为菲律宾提供外援最多的员工比例影响不大。但是从总体上看，两种情况虽然存在一定的差异，但总体趋势相同。

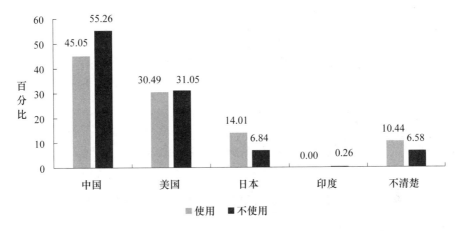

图 10-12　按工作是否使用电脑划分的员工认为的为菲律宾提供外援最多的国家分布（N=744）

在接受调查的中资企业菲律宾员工中，有157人曾有在其他外资企业工作的经历。表 10-12 表示的是不同外企工作经历的员工是如何认识各国对菲律宾外援的。可以看到，有不同外资企业工作经历的员工在回答哪个国家为菲律宾提供援助最多时，给出的答案存在明显的差异。曾在美国企业工作过的菲律宾员工中，39.13%认为中国给菲律宾提供的援助最多，34.78%的认为美国给菲律宾提供的援助最大，17.39%的认为日本给菲律宾提供的援助最多。曾在日本企业工作过的菲律宾员工中，59.26% 的认为中国给菲律宾提供的援助最多，22.22% 的认为美国给菲律宾提供的援助最多，7.41% 的认为日本对菲律宾提供的援助最多。总体来看，曾有在其他外资企业工作经历的菲律宾员工中，多数认为中国和美国对菲律宾提供的援助最多。

表 10 – 12   按员工外企工作经历划分的对菲援助
最多国家认可度（多选题）   （单位：%）

去过的其他外资企业	中国	美国	日本	不清楚
美国企业	39.13	34.78	17.39	8.70
印度企业	60.00	40.00	0.00	0.00
日本企业	59.26	22.22	7.41	11.11
韩国企业	45.45	36.36	4.55	13.64
欧盟企业	50.00	50.00	0.00	0.00
其他企业	41.57	42.70	14.61	1.12

$N = 159$。

但是，除了去过美国企业和其他企业的情况，去过另外四个国家工作的员工认为哪个国家为菲律宾提供援助最多的情况与总体情况相似。

图 10 – 13 显示的是家庭是否联网对员工认为哪个国家为菲律宾提供外援最多情况的影响。可以看到，家庭是否联网对员工认为是中国为菲律宾提供外援最多的情况影响不大。但是，对于认为是美国为菲律宾提供外援最多的情况和认为是日本为菲律宾提供外援最多的情况影响较大。在家庭已联网的员工中，认为美国为菲律宾提供外援最多的员工比例为 28.87%，比家庭未联网员工的比例低 4%。认为日本为菲律宾提供外援最多的家庭已联网的员工比例比未联网的比例高 6% 左右。虽然是否联网对员工认为哪个国家为菲律宾提供外援最多的影响略有差异，但总体趋于一致。

图 10 – 14 显示了手机是否上网对员工选择为菲律宾提供外援最多的国家的影响。使用手机上网后，认为中国为菲律宾提供外援最多的员工的比例相比于没有手机和手机未联网的比例有所下降；认为美

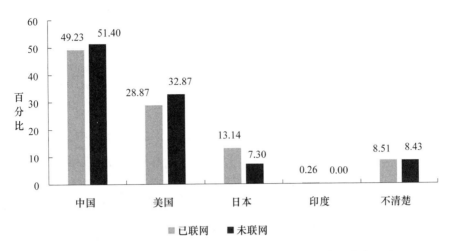

图 10 - 13　按家庭是否联网划分的员工认为的为菲律宾
提供外援最多的国家分布（*N* = 744）

国为菲律宾提供外援最多的员工比例相比于没有手机和手机未联网的
比例有所上升；认为日本为菲律宾提供外援最多的员工的比例在没有
手机和手机未联网的情况下没有太大差别。

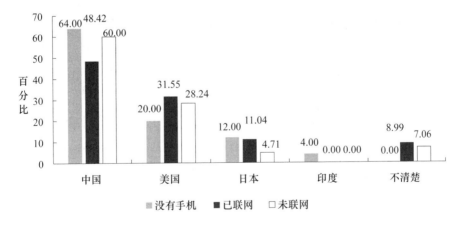

图 10 - 14　按手机是否上网划分的员工认为的为菲律宾
提供外援最多的国家分布（*N* = 744）

综合以上情况，可以看到，手机是否联网会对员工认为哪个国家为菲律宾提供外援最多产生一定的影响，但是两种情况的趋势大致相同。

在本次被访的菲律宾员工中，56.67%的员工认为中国在亚洲的影响力最大，34.39%员工认为美国在亚洲的影响力最大，6.74%的员工认为日本的影响力最大。被访员工学历越高，认为中国在亚洲的影响力最大的比例相对较低。被访员工对中美在本地区的影响力评价的差异并不明显。超过60%的员工认为，中美两国在本地区的影响力以正面为主。33.57%的被访员工认为菲律宾未来发展需要借鉴中国的经验，31.34%的员工认为菲律宾需要借鉴日本的发展经验。50.27%的员工认为中国对菲律宾提供的对外援助最多，30.78%的员工认为美国对菲律宾提供的对外援助最多，10.35%的员工认为日本对菲律宾提供的对外援助最多。

小　结

在中国品牌方面，本章从员工对本企业外的中国产品品牌的知晓状况和员工印象最深的中国企业两个方面进行分析。首先，在对本企业外的中国产品品牌的认知状况方面，女员工对本企业外的中国产品品牌有认知的情况要优于男员工；本科及以上学历的员工对本企业外的中国产品品牌有认知的比例要高于其他学历的员工；管理人员比非管理人员对本企业外的中国产品品牌有认知的比例高；一天上网几个小时的员工对本企业外的中国产品品牌有认知的比例要高于其他上网频率的员工。但是，从总体上看，员工对本企业外的中国产品品牌的认知状况不是很好。其次，在员工印象最深的中国企业方面，无论如何划分，对华为和OPPO企业印象最深的员工比例较大。

在企业社会责任方面，本章从员工最希望本企业在本地开展的援助类型和企业在本地开展项目类型的认知状况进行分析。综合两种情况，中国企业应该在本地更多地进行"以钱或实物形式进行公益慈善捐赠""卫生援助"和"培训项目"，在这些方面投入更多的资金。一方面，是因为这些项目是当地员工迫切想要的；另一方面，是因为员工对这类援助的认知情况更好。相反，企业应该在"水利设施"和"修建寺院"等项目上减少投入。

在大国影响力评价方面，本章从员工认为哪个国家在亚洲的影响力最大、员工对中美在本地区的影响力评价的差异、员工认为菲律宾未来发展需要借鉴的国家分布和员工认为的为菲律宾提供外援最多的国家分布等方面进行分析。首先，在回答哪个国家在亚洲的影响力最大这一问题时，无论如何划分，均有多数员工认为中国在亚洲的影响力最大，其次是美国。值得注意的是，曾在欧盟企业工作的员工中，多数认为美国在亚洲的影响力最大，之后才是中国和日本。其次，在员工对中美在本地区的影响力评价方面，可以看到，员工对中美两国的评价略有差异，但大致相同。再次，多数菲律宾员工中认为菲律宾未来发展需要借鉴中国、美国或者日本。其中，认为需要借鉴中国的员工比例最大，认为需要借鉴印度的员工比例最低，不足1%。最后，菲律宾员工中认为中国为菲律宾提供外援最多的员工比例最高，其次是美国。因此，综合以上情况，可以看出，中国在菲律宾已经具备了一定的影响力，在对外援助、对菲律宾发展的借鉴意义等方面都得到较高的认可，但中国企业和品牌在菲律宾的知名度还不高，知名品牌较少。

第十一章

结　语

一　菲律宾发展潜力巨大，中菲关系发展前景可期

菲律宾经济发展潜力巨大，有着巨大的市场和长期的人口红利。在东盟国家中，菲律宾不仅人口总量较大，而且一直保持了较快的增长速度。近年来，菲律宾的人口出生率在东盟国家中一直维持在第一或第二位，2016 年的人口年增速为 1.56%，在东盟国家中排名第一。此外，菲律宾人口结构相对年轻，受教育程度较高，国民性格较为温和，是理想的投资目的地之一。新世纪以来，菲律宾经济经历了较长时间的高速增长。截至 2018 年底，菲律宾的国内生产总值为 3309.1亿美元，在东盟国家中居第四位。从 2010 年到 2018 年，菲律宾国内生产总值的年均增速提高到 6.52%，是东盟国家经济增速最快的国家之一。2018 年，其人均国内生产总值为 3103 美元，2010—2018 年间，菲律宾人均 GDP 的年均增速提高到 4.85%，增速也较快。菲律宾有着相对完善的法律环境和稳定的政治环境。尽管菲律宾法律繁杂，政府效率低下，但政府违约情况较为少见，法律体系也相对健全；菲律宾政治环境相对稳定，即使是在南海问题最严重的时期，也未发生针对中资的恶性事件和过度干预。当然，菲律宾的发展仍然面临很多制约因素，包括基础设施滞后、行政效率低下、税制和法律制度复杂。总体而言，菲律宾是一个发展潜力巨大，且投资环境相对稳定的国家，中菲合作有着较大的发展空间。

从本次调研数据来看，菲律宾员工已经意识到中国在亚洲地区的

影响力，了解了中菲关系对菲律宾未来发展的重要性，绝大多数员工对发展中菲关系持有相对积极的态度；在菲的中资企业整体经营情况良好，在菲律宾市场上已经建立了较为稳固的基础。中菲之间尽管有南海问题、博彩问题等因素的负面影响，但在经贸往来、人心相通、政策沟通等领域已经取得了不少进展，中菲关系的发展前景可期。

二　菲律宾中资企业竞争加剧，人才和公共关系是短板

本次调研数据显示，菲律宾的中资企业于2006—2010年注册的企业最多，此后也维持稳定增加的态势。菲律宾中资企业母公司类型最多的是国有企业，多数是由中国母公司直接参与经营。菲律宾中资企业生产的产品多数销往菲律宾国内，企业的出口产品类型较为单一，绝大多数是原始设备制造商以及其他类型。

本次调查显示，各企业普遍认为竞争变得激烈，不论是工业还是服务业，企业竞争的压力主要来自外资同行（含中资企业之间的竞争）。中资企业管理层认为菲律宾的政治情况仍存在不确定因素，未来企业经营的风险主要来自政策限制的增加、菲国内政治环境的变化和中资同行涌入后所导致的竞争加剧。菲律宾中资企业融资状况显示，大多数企业都由国内母公司拨款。但是在没有申请贷款的企业中，近八成企业没有贷款需求，说明企业的自有资金足够支持企业的生产经营发展。

数据显示，从中资企业的角度来讲，菲律宾基础设施供给，水、电、网、建筑并不完善，需要支付非正规费用的比例也较高。从菲律宾公共服务供给来看，中资企业在菲律宾除了面临税务征收、稽查、出口许可证办理等政策因素，还需要面对因整体教育和技能培训水平不高所导致的管理人员或是技术人员招聘难度大和员工素质不高的难题，管理人员和技术人员招聘难度大的影响对企业的负面影响超过政策因素。

数据显示，菲律宾中资企业所承担的社会责任类别主要集中在慈善和捐助上，与主营业务的价值联系较少，企业可适当选择与主营业

务相关的社会责任项目，以提高影响力和竞争力。中资企业社会责任的规范化管理水平不高，仅有较少的企业设立主管部门和制定相关制度，较少有企业真正将社会责任整合到经营战略之中。根据各企业近三年社会责任支出情况，可见企业对社会责任的承担有增加趋势，也可反映出企业对社会责任的意识有所增强，对社会责任的履行愈加重视。中资企业社会责任的海外宣传力度较弱，多数企业未对社会责任进行海外宣传。菲律宾外资企业社会责任履行效果对比图显示，中资企业履行社会责任的效果为中上等水平，超过了欧美企业，但与日本企业还有一定差距。中资企业仍须学习经验，规范管理，提高社会责任履行效果。整体而言，菲律宾中资企业的形象水平较为一般，基本处于合格水平。当地民众对中资企业的产品和投资的认可度与理想情况还有差距。菲律宾中资企业进行形象宣传方面，多数企业采用当地受欢迎的新媒体形式；同时，传统的华人媒体和当地媒体也是主要方式之一；不可忽视的是，仍有不少企业没有任何形象宣传行动，他们只做不说，类似的做法并不利于树立良好的企业形象。

三　菲律宾中资企业员工的态度与认知

（一）菲律宾员工的收入与消费观

从对员工就业和收入情况的调查来看，员工当前家庭社会经济地位要低于最初进入企业时期，出现这一情况的原因可能与个人预期的提高或通货膨胀等因素有关。在菲律宾员工的家庭耐用消费品中，电视和手机的拥有率最高，汽车的拥有率最低。总的来说，除未受过教育的员工外，学历越高，家庭耐用消费品拥有率越高。菲律宾员工家庭拥有轿车/吉普车/面包车、彩色或黑白电视、滑板车/摩托车/轻便摩托车以及冰箱的最大原产国都是日本，移动电话的最大原产国是中国。

（二）菲律宾员工对中资企业的认知

绝大多数菲律宾员工可以接受中、美、印、日民众来菲律宾，超过30%的菲律宾员工能接受中、美、印、日民众成为其朋友或伴侣；

菲律宾员工在本企业一般会有3—4个中国朋友。整体而言，菲律宾民众对外国人较为包容，菲律宾员工与中方员工的关系较为融洽。不论菲律宾员工的族群、宗教信仰、是否为管理人员，都有超过60%的员工认为中资企业尊重本地风俗习惯；有接近70%的菲律宾员工认为中资企业尊重其宗教信仰；有超过60%的菲律宾员工喜欢或接受中资企业的工作作息时间；有超过50%的菲律宾员工同意或基本同意"中外员工晋升制度是一致的"。

（三）菲律宾员工的政治参与

菲律宾员工都有强烈的权利意识，主张重要决定权应该由民众掌握，但又对所谓的菲律宾"民主政治"现状表示不满。在国内议题方面，无论如何划分，大多数菲律宾员工都参与了最近一次全国大选。同样，获得投票资格以来，多数员工每次都投票。尽管菲律宾员工有着较高的选举投票率，但有一半以上的员工不会亲身通过发起倡议、参与游行示威甚或暴力行为进行政治意愿表达。

（四）菲律宾员工的对华认知

电视依然是菲律宾员工了解中国信息的主要渠道；受教育程度越高，通过新媒体了解中国信息的比例越大。在文化消费方面，菲律宾员工最经常观看的是美国的电影/电视剧，最喜欢的是美国音乐，对于中国、日本和韩国的电影/电视剧，员工大多时有观看。在中国品牌方面，约有三分之一的员工知道除本企业以外的其他中国品牌，员工印象最深的中国企业是华为，但知晓的人仍然有限。在企业社会责任方面，员工最希望本企业在本地开展的援助类型是"以钱或实物形式进行公益慈善捐赠""卫生援助"和"培训项目"，中资企业在这些方面应投入更多的资金。

（五）菲律宾员工的大国认知

在大国影响力评价方面，菲律宾员工认为中国在亚洲的影响力最大，其次是美国。菲律宾员工对中美两国的评价略有差异，但大致相同，都认为中美两国发挥了相对积极的作用。菲律宾员工认为菲律宾未来发展需要借鉴中国和美国。其中，认为需要借鉴中国的员工比例最大。因此，综合以上情况，中国在菲律宾已经具备了一定的影响力，在对外援助、对菲律宾发展的借鉴意义等方面都得到较高的认可，但中国企业和品牌在菲律宾的知名度还不高，知名品牌较少。

四 促进中菲关系进一步发展的建议

（一）中资企业进入菲律宾的速度在加快，应避免一哄而上

从本次调研来看，中资企业在菲律宾运营和注册的数量在不断增加，进入的速度也在加快，特别是在 2016 年中菲关系转圜以后，大量中资企业进入菲律宾。菲律宾市场潜力巨大，投资环境相对较好，但短时期内大量中资企业进入不可避免会造成中资企业之间的内部竞争和短期内竞争环境恶化，不利于中资企业在菲的可持续发展。

（二）中资企业投资菲律宾要高度关注专业技术人员短缺和行政效率低下这两大难题

在本次调研中，中资企业反映最强烈、对企业经营影响最大的两个因素是专业技术人员短缺（含当地的管理人员短缺）和行政效率低下。尽管菲律宾有着显著的人口红利和较低的平均工资，但要将潜在的劳动者转化为高效的专业技术人才则需要较长时间的培训和培养，对此必须有足够的耐心和做好充足的准备。

（三）中资企业的企业社会责任和宣传依然是短板

本次调研发现，大多数中资企业有意识、系统性地开展企业社会责任的意识还不强，即便开展了相关活动，对外宣传也没有很好地跟上。因此，应鼓励企业立足长远，充分利用自媒体和当地媒体，从做好企业公共关系、树立企业良好形象的角度，规划企业的社会责任工作。

（四）充分动员中资企业的菲律宾员工，创造机会讲好"中资企业故事"

本次调研结果显示，绝大多数菲律宾员工都与中方员工有着融洽的关系，对中资企业尊重当地习俗、尊重当地信仰、中资企业的工作时间、升迁制度等有着较高的评价。所以，要充分利用菲律宾员工，

讲好在中资企业工作的种种好处，以讲好"中资企业工作的故事"来扭转西方和部分媒体对中资企业的抹黑，扭转部分民众对中资企业的刻板印象，树立良好的中资企业形象。

（五）杜特尔特总统国内执政基础牢固，宜继续推进合作

本次调查显示，杜特尔特总统的内外政策均得到国内民众较高的认可，其执政基础较为牢固。2019 年 5 月举行的中期选举中，杜特尔特总统所属政党和执政联盟也取得大胜，这也印证了本次调查数据的可信度。照此趋势，若无特殊情况，2022 年大选杜特尔特或其支持的获选人获胜的概率较大。本次调查显示，菲民众对中菲关系的重要性有充分的认识，基本赞同现政府的对华政策，发展对华关系具有较好的民意基础。在发展对菲经贸关系中，对于惠及菲民众的水果进口、菲佣、菲律宾英语教师、旅游等行业应进一步支持，避免中菲政治关系波动损害菲国内民众的利益，进而夯实菲对华友好的民意基础。

参考文献

一　中文文献

曹云华:《变异与保持》,中国华侨出版社 2001 年版。

陈鸿瑜:《菲律宾史——东西文明交会的岛国》,台北三民书局 2003 年版。

陈乔之等:《冷战后东盟国家对华政策研究》,中国社会科学出版社 2001 年版。

方拥华:《中菲关系的回顾与展望》,《东南亚》2005 年第 4 期。

黄滋生:《菲华问题论辩黄滋生教授论文选编》,菲律宾华裔青年联合会,1999 年。

黄滋生:《菲律宾华人的同化和融合进程》,《东南亚研究》1998 年第 6 期。

蒋细定:《菲美军事与安全关系现状与前景》,《当代亚太》2004 年第 8 期。

蒋细定、朱云贞:《菲律宾对外经济关系发展现状与前景》,《南洋问题研究》2004 年第 3 期。

梁英明:《战后东南亚华人社会变化研究》,昆仑出版社 2001 年版。

刘宏:《中国——东南亚学》,中国社会科学出版社 2000 年版。

莫尚福:《菲律宾华人与中菲关系》,《东南亚纵横》1999 年第 5、6 期。

邱丹阳:《中菲南沙争端中的美国因素》,《当代亚太》2002 年第 5 期。

沈红芳:《菲律宾拉莫斯政府的经济外交政策》,《南洋问题研究》1994 年第 3 期。

沈红芳:《菲律宾与中国的关系——战后历史回顾、现状及展望》,《南洋问题研究》1989 年第 3 期。

唐世平、张洁等主编:《冷战后近邻国家对华政策研究》,世界知识出版社 2006 年版。

吴杰伟:《中菲"美济礁"争端》,《东南亚研究》1999 年第 5 期。

萧曦清:《中菲外交关系史》,台北正中书局 1995 年版。

晓林:《中菲关系波澜起伏又一年》,《东南亚研究》1996 年第 2 期。

周南京:《菲律宾与华人》,菲律宾华裔青年联合会,1993 年。

朱东芹:《论菲华商联总会成立之背景》,《东南亚纵横》2003 年第 5 期。

朱杰勤:《东南亚华侨史》,北京高等教育出版社 1990 年版。

朱幸福:《风云诡谲的菲岛政坛》,中国社会科学出版社 2002 年版。

庄国土:《菲律宾华人政治地位的变化》,《当代亚太》2004 年第 2 期。

二 外文文献

Arcilla S. J. , *An Introduction to Philippine History.* Quezon: Ateneo De Manila University Press, 1984.

Asis, M. , & Piper, N. , "Researching International Labor Migration in Asia", *The Socialogical Quarterly*, Vol. 49, No. 3, 2008.

Athukorala, P. -c. , & Manning, C. , *Structural Change and International Migration in East Asia*, Melbourne: Oxford University Press, 1999.

B. R. Churchill ed. , An Assessment: *Philippines-China Relations 1975 – 1988*, De La Salle University Press, 1990.

Cain, G. , "The Challenge of Segmented Labor Market Theories to Orthodox Theories: A Survey", *Journal of Economic Literature*, Vol. 14, No. 4, 1976.

Cordova, E. L. , "Globalizatio, Migration and Development: The Role of Mexican Migrant Remittances", *Economia*, Vol. 6, No. 1, 2005.

Go, B. , "The Chinese in the Philippines: Facts and Francies", *Philippine Sociological Review*, Vol. 20, No. 4, 1972.

Henning, M. , Stam, E. , & Wenting, R. , "Path Dependence Research in Regional Economic Development: Cacophony or Knowledge Accumulation", *Regional Studies*, Vol. 47, No. 8, 2013.

James, S. , "The social adjustment and coping mechanisms of Filipino migrant workers in Nigeria", *Asian Migrant*, Vol. 10, No. 4, 1997.

Koser, K. , *International Migration: A Very Short Introduction*, New York: Oxford University Press, 2007.

Leo Suryadinata, *China and the ASEAN State: The Ethnic Chinese Dimension*, Singapore University Press, 1985.

Mankiw, G. , *Principles of Economics* (*4th Edition ed.*), Shenton, Singapore: Thomson, 2007.

Martin, P. L. , "Labor Migration in Asia", *International Migration Review*, Vol. 25, No. 1, 1991.

Martin, P. , "Migration and Trade: The Case of the Philippines", *International Migration Review*, No. 27, 1993.

Pacho, A. , "The Chinese Community in the Philippines: Status and Conditions", *Journal of Social Issues in Southeast Asia*, Vol. 1, No. 1, 1986.

Purification C. , Valera *Quisumning, Beijing-Manila Detente: Major Issues-A Study in China-Asean Relations*, University of the Philippines, 1983.

Rodriguez, R. , *How the Philippine State Brokers Workers to the World*, Minneapolis: University of Minnesota, 2010.

Samonte, E. , et. al. , *Issues and Concerns of Overseas Filipinos: An Assessment of the Philippine Government Response*, Quezon: Center of Intergrative Studies and UP Press, 1995.

Saw Swee-Hock, Sheng Lijun and and Chin Kin Wah ed. , *ASEAN-China*

Relations: *Realities and Prospects*, Singapore: Institute of Southeast Asian Studies, 2005.

Sills, S. , "Philippine Labor Migration to Taiwan: Social, Political, Demogrphic, and Economic Dimensions", *Migration Letters*, Vol. 4, No. 1, 2007.

Stark, O. , & Bloom, D. E. , "The New Economics of Labor Migration", *The American Economic Review*, Vol. 75, No. 2, 1985.

Zhuang, G. , & Wang, W. , "Migration and Trade: The Role of overseas Chinese in conomic Relations between China and Southeast Asia", *International Journal of China Studies*, Vol. 7, No. 1, 2010.

Zosa, V. , & Orbeta Jr. , A. , "The Social and Economic Impact of Philippine Internaltional Labor Migration and Remittances", *Philippine Institute for Development Studies*, (2009 – 32) .

后　　记

　　本次调研的顺利开展是各界人士大力支持和帮助的结果，我们尤其要感谢中国驻菲律宾大使馆、中国驻菲律宾经商处、菲律宾中资企业协会、云南驻菲律宾商务代表处的支持，感谢所有接受本次调研的中资企业的支持。各中资企业虽素昧平生但却鼎力支持，毫无保留地分享他们在菲律宾打拼的经验。他们的奋斗精神和敢为人先的品格让我们肃然起敬，他们的热情好客和无私分享让我们感动不已。

　　本次调研期间，正值菲律宾最热的 5 月，调研组的伙伴们克服生活的不便，在 45 度的高温下，每天奔波于各调研企业之间；调研期间时值国内五一假期，看着朋友圈里一波又一波地晒"吃喝玩乐"的照片，调研组的伙伴们没有任何抱怨，依然在车间、厂房、工地中不断访谈工作。调研组的小伙伴们多为"90 后"，他们的战斗力也是爆表的，各种对"90 后"的偏见在他们身上完全是不存在的。在艰苦的环境下，伙伴们各司其职、密切配合，圆满完成本次调研任务。本次调研团队的成员包括：刘鹏（云南大学缅甸研究院）、何雪倩（云南大学缅甸研究院）、杨超（广西社科院东南亚研究所）、陈新凯（云南大学硕士研究生）、肖婷（云南大学硕士研究生）、刘姵（云南大学硕士研究生）、李怡（云南大学硕士研究生）、吕杨（云南大学硕士研究生）、代杭辛（云南大学硕士研究生）。

　　本书的写作是在项目办各位同仁对数据进行可视化处理后进行的，具体分工为：刘鹏负责第一章、第二章、第十一章、全书的统稿和校对工作；何苗（云南财经大学）负责第三章、第四章的初稿撰写和部分内容的校对；陈新凯（云南大学）负责第五章、第六章的初稿撰写；王瑾（云南财经大学）负责第七章、第八章的初稿撰写；王欢（云南财经大学）负责第九章、第十章的初稿撰写。书稿撰写组的各位同仁放弃暑假的休息机会，以较快的速度完成稿件的撰写，在此一并致谢。

刘鹏

2020 年 6 月